www.ingramcontent.com/pod-product-compliance
Lightning Source LLC
LaVergne TN
LVHW050319160826
845677LV00014B/3475

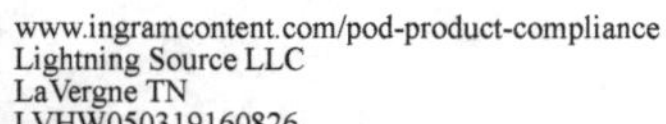

إبراهيم الملحم: بكالوريوس طب بيطري مِن جامعة الملك فيصل، وحائز على المركز الأول في الدفعة.

ماجستير علم الفيروسات وتشخيصها في المعمل مِن ذات الجامعة.

رئيس قسم الفيروسات بمختبر التشخيص البيطري بالأحساء.

كاتب قديم في جريدة اليوم السعودية، وله مقالات كثيرة تحمل رائحة النقد في شتَّى المجالات.

الإهداء

إلى كلّ مَن أضفى على حياتي قيمة.. أعلاهم الأبوان الكريمان، والزوجة التي لولاها لكان للحياة لونٌ آخَر.. تمامًا.

إبراهيم الملحم

قاتل الرضيع

AUSTIN MACAULEY PUBLISHERS™
LONDON • CAMBRIDGE • NEW YORK • SHARJAH

الرقم الدولي الموحد للكتاب 9789948831273 (غلاف ورقي)
الرقم الدولي الموحد للكتاب 9789948831280 (كتاب إلكتروني)

رقم الطلب: MC-10-01-7390620
التصنيف العمري: +17

تم تصنيف وتحديد الفئة العمرية التي تلائم محتوى الكتب وفقًا لنظام التصنيف العمري الصادر عن المجلس الوطني للإعلام.

الطبعة الأولى 2021
أوستن ماكولي للنشر م. م. ح
مدينة الشارقة للنشر
صندوق بريد [519201]
الشارقة، الإمارات العربية المتحدة
www.austinmacauley.ae
+971 655 95 202

حمودي وبرهوم

وشِلَّة الدَّفع الرباعي

في

قاتل الرضيع

شخصيَّتان شعبيَّتان شهيرتان ومحبوبتان في منطقتهما (الأحساء)، اشتهرتا بالمقدرة الفائقة على حلِّ أصعب الألغاز التي تواجه الشرطة المحلِّيَّة تحت قيادة العميد عبد الله، وقد أُدرِجا كمتطَوِّعَين متعاونَين.

حمودي وبرهوم ليسا بطبيعة الحال اسمَيهما الحقيقيَّين، اسمهما محمد وإبراهيم، وهما ابنا عمومة، درجَ الناس في محيطهما على تسميتهما بذلك منذ الصغر، واستمرَّ الحال على ذلك برغم تجاوز أولهما الأربعين، وتجاوز الثاني الثلاثين، وذلك بحكم شخصيتهما التي تميل لحب الفكاهة والدعابة، ولا تجد في التكلف قدرة ولو أرادت، بل إنها تنفر مِن مجلس يشيع فيه جو جِدٍّ، وتراه خانقًا ولو فُتِحَت فيه الأبواب والنوافذ على مصاريعها.

العميد عبد الله أخ لبرهوم، وابن عم بطبيعة الحال لحمودي.. يقع تحت يديه ملفات لقضايا بعضها شائك يحتاج لجهد فكري عالٍ وحرٍّ.

هنا لا يتردَّد العميد في الاستعانة باللطيفين أخيه وابن عمه – وهُما طبعًا موضع سرِّهِ – اللَّذَين يتحرَّكان فورًا ومعهما محيسن وعمير، وهما ابنا أخي العميد وبرهوم.. شابَّان فارعا الطول يمثِّلان القوة والحركة والحيوية في مجموعة الدَّفع الرباعي، في حين يمثِّل الآخران الشخصيَّتَين الرئيستَين والعقل المدبر.

ننتقل الآن لأحد الملفات التي استطاعوا أن يعينوا فيها الأمن، ويبيِّنوا مقدرتهم التحليلية في ربط المعطيات مع المستجدَّات التي حصلوا عليها بجهود ذاتية مع ما تمخَّضَت عنه تحقيقات الشرطة لتنكشف الحقيقة في نهاية المطاف، ويُسدَل الستار على قضية كانت غريبة نوعًا ما.

لا يدري ما الذي دفعَه للخروج في هذه الساعة المتأخرة التي شارفَتِ الثانية فجرًا.

صاحبُ سهرٍ هو.. نعم، لكنَّ خروجًا بعد منتصف الليل ناهيك عن ساعتين بعده كان ضربًا مِن مستحيل لَم يفعله طوال حياته التي شارفَتِ السابعة والعشرين.

نهجٌ اختطَّه له ولإخوته والدهم – رحمة الله عليه – لَم يحيدوا عنه منذ وفاته، وقد بلغَت خمس سنين.

محيسن مدفوعًا بقوة قاهرة فتحَ باب البيت، وخطا خطوتين للخارج، وقبل أن يفكر في إغلاق الباب إذا بباب

جارهم الملاصق ينفتح فجأة، وتخرج منه عاملتهم المنزلية، ثم تعيد إغلاقه بقوة أحدثَت دويًّا في الطريق الفارغ.

تجمَّدَ في مكانه؛ فالمفاجأة أربكَته برغم جرأته المستمدَّة مِن بنيانه العظيم وطوله الفارع!

اشتدَّ ارتباكه أكثر يومَ رأى العاملة وقد جرت بأقصى سرعتها تجاهه وكأنها رأت الخلاص ماثلًا بين يديها.

ارتجَّ عليه، فلَم يحر تصرُّفًا وهو يراها قد سارعَت ودخلَت بيتهم، ثم نظرَت إليه وكأنَّها تستنجد به:

- أرجوك أغلِقِ الباب!

حدَّثَ محيسن نفسه: ثمَّة ما يخيفها، وهي الآن تستنجد بي، لو كان رجلًا وبقدرته الدفاع عن نفسه وطلب مني نجدته لفعلتُ بلا تردُّد، فكيف بامرأة وبائسة مثل هذي؟! لا عاش مَن لا نخوةَ له.

كأنه سمعَ صوتًا داخل بيت جاره، فدلفَ على عجلٍ، وأغلق باب بيتهم مِن الداخل.

أحسَّ براحة داخلية لصنيعه، لكنه سرعان ما عاد إليه التفكير: امرأة غريبة وأدخلتُها البيت، ثم ماذا بعد؟

أخذَتِ البائسة ركنًا في فناء البيت (التهوية باللغة الدارجة) في الطرف البعيد عن بيت كفيلها، وجلسَت أرضًا تبكي بصمت.

أسرعَ محيسن لحجرة نوم والدته، تردَّدَ كثيرًا لكن لا بُدَّ ممَّا لا بُدَّ منه.

مرَّرَ يده بخفَّة على يد والدته هامسًا:

- أمي.. أمي.

لحظات وقامت مفزوعة؛ فلَم تعتَد أن يدخل عليها أحد وهي نائمة ولا أن يُجلِسها حتى تستيقظ بنفسها.

هدَّأَ مِن روعها، وقال بصوت خافت حتى لا يزعج إخوةً له في غُرَف مجاورة:

- العاملة في بيت جارنا دخلَت بيتنا فارَّةً منهم، وطلبَت إيواءَها!

قامت على عجلٍ؛ فهي برغم عدم حبها للمشكلات امرأة ذات طينة طيِّبة، ولَكَم جلسَت مع هذي العاملة عند قدومها لزيارة عاملتها لأمرٍ مشترك بينهما كإنهاء أوراق رسمية، وكانت تجالسها بلا ذرة ترفُّع، وتأخذ معها وتعطي في الكلام كما لو كانت أختًا لها لا فرق.

نزلَت مسرعةً بالقدر الذي سمحَ به العمر والصحة.. أقامت العاملة، واحتوَت رأسها بين يديها الحنونتين، وابتسمَت في وجهها، ومرَّرَت يدًا تمسح به عينيها كَفًّا لها عن الاستمرار في البكاء.

عاد شيء مِن السكينة لتلك المسكينة، وأرادت أن تقول شيئًا، لكن سرعان ما أسكتَتها بوضع يدها برفقٍ على فمها قائلة:

- هَوِّني عليكِ، لا تقولي شيئًا الآن، أنتِ بحاجة للراحة، وغدًا قولي ما تشائين، وسنكون عونًا لكِ بكل ما نستطيع.

جبلُ هَمٍّ انزاحَ عن كاهلها.. أخذَتها أم محيسن إلى غرفة عاملتها بأعلى البيت، وطلبَت منها السماح لها بالنوم معها.

لَم يكُن لعاملتها شيء أَحَبَّ لها مِن ذلك؛ فهي أولًا تعرفها معرفة تامة، ومِن بني جلدتها، ثم هي مِن النوع الاجتماعي التي لا تحبُّ الجلوس بمفردها ولو أن يكون وقت نوم.

عادت الأم لابنها محيسن مستفسرةً عمَّا حدثَ بالتفصيل، ولَم يزدها بالطبع علمًا يُجلي موضوع العاملة، لكن علمَت يقينًا أنهم وضعوا أنفسهم في موضع صعب؛ فالجار ليس ودودًا، بل مكروهًا مِن كل محيطه، والجميع يتجنَّب التعامل معه.

لَم يمهلها الجار طويلًا في تفكير، فقد طرقَ الباب، فتحَه محيسن وقد جاهدَ أن يكسو وجهه ملامح دهشة واستغراب يوم أن سألَه الجار عن عاملتهم هل طرقَت عليهم الباب؟

أتبعَ التمثيل المتقَن بقوله:

- هل ترى سببًا مقنعًا لعاقل أن يدقَّ أبواب الناس قرب الفجر؟!

سليط لسان هو الجار، لكنَّ التكوين الجسماني للمقابل له جعله يتهيَّب جدالًا ورفْعَ صوت، وهي خصيصة مشهورٌ هو بها.

خفضَ رأسه، وتلجلجَ في إبداء الاعتذار، وانسحَبَ مع شعور بغيظ مكتوم يكاد ينفجر معه دماغه.

- لا بُدَّ مِن الاتصال بابن عمي العميد عبد الله.. قالها محيسن بعد أن رجع لأمه يبلغها بماهية الطارق.

- لكنَّ الوقت متأخِّر يا بُنَيَّ، لو أنَّك أرجأتَ ذلك للصباح.

ردَّ محيسن:

- أمي.. الوضع مريب؛ فالعاملة هاربة مِن بيت جارنا، ولعلَّكِ طرقَ سمعكِ مثلي أصواتٌ عندهم مع صوت سيارة أحسب أنها إسعاف، فأخشى أنَّ الموضوع أكبر مِن مجرد هروب عاملة لمعامَلة غير لائقة!

- صدَقتَ يا بني.. علَّقَت أمه، وأتبعَت ذلك بقولها: إذن فقُم بالاتصال به، وسيعذرنا يوم يعلم الأمر.

برغم طبيعة عمله التي تستدعيه للقيام ولو كان في عزِّ نومه إلا إنَّ ردَّه على ابن أخيه كان فاترًا متعبًا، لكن مجرد أن التقطَ خيط الموضوع لَم ينتظر سماعًا لتفاصيله، فقال على عجل وقد اكتسى صوته جِدٌّ وصرامة:

- أنا قادم لأخذها معي، رجاءً اجعلوها جاهزة، لا يمكن الانتظار حتى الصباح؛ فقد يدخلكم ذلك في سينٍ وجيم، وأنتم في غِنًى عن ذلك.

****

وجاء الليل.. ليل نهاية الأسبوع.. الجلسة المعتادة في ملحق بيت الأخ.. هو وعمير وبقية الإخوة.. الآن كلهم متواجدون.

محيسن وعمير يتابعان مباراة الفتح.. النادي المحلي الذي يشجِّعانه، ولا ثبات لمستواه، فمرة يسعدهم وأخرى يرفع لهم فيه الضغط، ومسكين مَن يكون بينهما وبين الشاشة يوم تكون الأخرى؛ فلربما جاءته قذيفة مِن ورائه هدفها الشاشة المسكينة فأخطأَت وكان هو حينها المسكين!

أخوهم (دحماني) يلعب السوني بهدوئه الجميل، وأحمد الأخ الذي يدير المجموعة والبيت بأسره، مخ نظيف، وهمة عالية، ونشاط وحيوية، وكرم عجيب، وإرادة جازمة في فعل ما يراه ويقرِّره بلا ذَرَّة تردُّد.

دخلَ على عجلٍ، واطمأنَّ على وضعهم، ولمزيد تأكُّد عن استعدادات الليلة مِن شاي وقهوة وبعض توابع أخرى، ثم غادرَ قائلًا إنه سيعود بمجرد الانتهاء مِن أمرٍ مُلِحٍّ بالخارج.

جلبة عند الباب، ضحك البعض، فقد عرفوا طبعًا أنها المعتادة لابن عمهم حمودي الذي لا يدخل غالبًا إلا مُحدِثًا بعض ضجيج، لكن الحقَّ أنَّه محبَّب.

هذه المرة ببدلة رياضة مقلَّمة، ما إن دخلَ بها حتى فاجأه صوت وراءه داخلًا على إثره:

- أبيض وخطوط سوداء!

ضجَّ الجميع بالضحك ومعهم حمودي الذي التفتَ لابن عمه برهوم (توءم الروح والجلسة) وفاكهتها، وقال كعادته كلمته التي اشتهر بها بينهم وبين مَن يعرفه، وما أكثرهم: يا حيرار، وهي تحريف لكلمة (حيوان) حتى لا تزعج السامع، ولا يلفظها هو ترفُّعًا عن سافل القول، لكنه يطلقها بطريقة محوَّرة تُضحِك صاحبًا له ومُحِبًّا.

قبل الجلوس التفتَ لعمير (نشمي الجلسة والذي يقدِّم الخدمات للجميع بلا ذَرَّة تذمُّر أو تغيُّر وجه، بل بكل انبساط وراحة) قائلًا:

- وين الشاهي الخاص بي بلا سكر يا عمير؟ واضح أنك تريدني أن أنصرف عمير، لا أدري لِمَ لا تحبني!

أتبعها بحركة وجه عجيبة وابتسامة مصاحِبة!

- حاضر عمي.. قالها عمير وقد قام على الفور، ثم أتبع:

- أنتَ مَن قلتَ إنك غالبًا لن تحضر.

حمودي:

- ما أقدر فيكم يا عمير، هربتُ منهم وجئتُكم.

ابتسم الجميع وهنا ارتفع صوت محيسن:

- يا حكم.. حرام عليك.

- كالعادة.. قالها برهوم، وواصل وهو يضحك: (بدينا الحكم (برضو).

كان للسِّجال المعتاد بعد كل هزيمة أن يستمرَّ لولا دخول العميد عبد الله، فتوقَّفَ الجميع، وقام أبناء أخيه بالسلام عليه وتقبيل رأسه.

أخذ ركنًا معهودا يوم يريد الانفراد بحمودي وبرهوم، وفي إشارة لقضية يريد اطْلاعهما عليها.

التحقَ به الاثنان.. قال حمودي وقبل أن يبدأ العميد عبد الله في الحديث:

- عمير.. هات لعمِّك (بيالة) فنجان شاي، اصْبُب له معي.

العميد:

- قضية ابتدأت مِن هنا تحديدًا!

- مِن هنا! قالها برهوم مستغربًا، وقد بلغَ صوته البقية، فالتفتوا مدهوشين!

محيسن ومِن عند التلفاز:

- عمي.. عسى ألا يكون الموضوع متعلِّقًا بعاملة الجار!

هزَّ العميد رأسه في عملية تأكيد لذلك.

التحق بهم محيسن، فالأمر بان أنهم معنُّيون به أيضًا.

العميد:

- العاملة يا محيسن عندما هربَت إليكم كانت خائفة – حسب التقرير المبدئي الذي سُجِّلَ فجر اليوم عندما أخذتُها مِن هنا، وأوصلتُها لمركز الشرطة – مِن أن تُتَّهم بقتل الطفل الرضيع الذي كانت تربِّيه بعد موت والدته، واستقدامهم لها مِن أجل هذا الغرض.

- أوووووووف.. علَا بها صوت محيسن وتابعَ: الموضوع فيه قتل!

العميد وهو يشير إليه بخفض صوته:

- هو اتِّهام مِن قِبَل زوجة الأب لها ليس إلا.

حمودي:

- لكنها هربَت، والهروب دليل ضدها.

العميد:

- نعم.. هي مَن ورَّطَت نفسها إن صحَّ طبعًا أنها ليست هي فعلًا مَن قتلَتِ الطفل، لكن مبدئيًّا هي تقول إنها خشيَت أن تُتَّهم، فلَم

تملك إلا الهرب، ووجدَت باب الجار الأقرب مفتوحًا – تقصد هنا – فدخلَت وتوارت عندكم.

برهوم:

- معذرة أخي.. هلا أسمعتَنا تفاصيل ما قالت؛ لنستطيع تصوُّر الموضوع تصوُّرًا صحيحًا.

العميد وبعد ارتشافه جرعة مِن فنجانه الذي برَدَ:

- ذكَرَت أنَّها أرضعَت الصغير كالمعتاد قبيل نومه، ثم راح في نوم عميق، أتبعَت بقولها: أخذتُ مضجعي بجواره وأنا أُمَنِّي النفس بنومة طويلة مريحة؛ فهو عادة ينام حتى السابعة صباحًا، وربما يصل لقريب مِن الثامنة، ومع أنِّي نمتُ فعلًا لكن ما أظنني جاوزتُ الساعة حتى بدأتُ أشعر بحركةٍ ما بجواري، فقمتُ فزعةً وإذا بالصغير يحرِّك يديه وكل جسمه حركات مريبة!

أشعلتُ بقية النور لأتبيَّن الوضع بأكمله، فإذا بوجه الصغير قد بدأ في التحوُّل للزرقة!

شلَّتني المفاجأة فلَم أقدر على صراخ.. ركضت حتى بلغتُ حجرة والد الطفل وزوجته، وطرقتُ الباب بلا تردُّد.. فتحَ الباب، ونظرَ لي بوجه يتميَّز غيظًا قائلًا: أمجنونة أنتِ؟ هل هذا وقت تزعجيننا فيه؟!

ردَدتُ على عجل والذعر يكسو ملامحي: سيف! لا أدري ما به؟

تغيَّرَ وجهه ولَم يمهلني حتى أُكمِل، فانطلَقَ على وجه السرعة، وتبعَتنا زوجته حتى وصلنا مكان الطفل.

صرخ صرخة عظيمة: ما الذي فعلتِه به؟!

قلتُ: أنا.. أنا لَم أفعل شيئًا، صحوتُ بعد أن أحسستُ بحركة مريبة، وفوجئتُ بما تريان.

خفَّت حركة الطفل، ثم همدَت فجأة بعد أن أصبح وجهه أزرق كالحًا!

صرخنا جميعًا بصوت واحد.. الأب انطلقَ لهاتفه، وأنا أصبتُ بخوف وحيرة شديدتَين لا أدري ما الذي عليَّ فعله!

زوجة الأب التفتَت إليَّ بكليتها ووجهها ينطق بقسوة: يا مجرمة.. ماذا فعلتِ به؟ اعترفي.

أطلقتُ صيحة وأنا أفرُّ منهما قائلة: أنا بريئة.. والله بريئة.

لَم أدرِ بنفسي إلا وأنا خارج البيت، التفَتُّ فوجدتُ بيت جارنا الملاصق مفتوحًا وابنهم أمامه، فوجدتُ الفرصة سانحة للدخول في حمايتهم.

محيسن:

- عمي.. أنا سمعتُ أصواتًا في تلك الليلة ومعها صوت سيارة إسعاف، ومنذ صبيحة اليوم بعدها وحتى يومنا هذا لَم

أسمع ولَم أرَ شيئًا يوحي بوجود أحد في بيت الجار.. هذا عجيب! أين ذهبا؟!

العميد:

- نقلَ الإسعاف الطفل، وذهب معه الأب بطبيعة الحال وزوجته، وهناك تبيَّنَ وفاة الطفل.

والأمر الذي سيدهشكم وستعجبون له أنَّ الأب وفي غمرة إبداء حزنه هناك وأمام الطاقم الطبي وممثلي الشرطة رفعَ صوته في وجه زوجته قائلًا: حرام عليكِ، لِمَ أوعزتِ للمربِّية بقتله؟

التفتَ الجميع مشدوهين إليهما، في حين بدتِ الزوجة وهي تنظر إليه تائهة وكأنها في عالَم آخَر تمامًا!

بدتِ القضية سهلة.. مربِّية متهمة بقتل طفل، ثم انزلقَت لمنحًى آخَر.. زوجة الأب أيضًا في دائرة الاتهام!

تمَّ التحفُّظ على الاثنتين، وابتدأ مسار التحقيق.

****

في مركز الشرطة.. وفي مكتب العميد عبد الله.. المربية وقد أُتِي بها ومعها ممثِّل السفارة الهندية، وأخذَا مقعديهما، وافتُتِح التحقيق.

العميد:

- قلتِ إنَّ هروبك مِن موقع الحدث كان بسبب الخوف مِن اتهامك، لماذا تتوقعين أن يتَّهمكِ أحد ما لَم يكُن قد بدرَ منكِ سابقًا ما يجعلكِ محلَّ تهمة؟!

المربية:

- لَم يرَوا منِّي طوال فترة عملي معهم إلا كل خير، هي في الحق فترة قصيرة لا تجاوز السَّنة.

العميد:

- إذن ما الذي حدا بهما لاتِّهامك؟

المربية:

- زوجة الأب هي مَن اتَّهمَتني.

العميد:

- والأب أيضًا!

المربية:

- الأب يقول إنَّ زوجته هي مَن دفعَتني لذلك.

العميد:

- وفي نظرك لِم يعتقد أنَّ زوجته تريد قتل الطفل؟

المربية:

- لا أدري.

العميد:

- قضيتِ معهم سَنة كاملة، ألَم تستطيعي أن تسمعي منهم أو تري منهم شيئًا يبيِّن سبب اتِّهامه لها؟

المربية:

- أنا لا أتقن لغتكم، هي بالكاد بعض كلمات ومكسرة أيضًا تفي بغرض التعامل، عدا ذلك لا أفهم مِن حديثهم شيئًا، ثم إن جُلَّ وقتي مع الطفل.

العميد:

- طيب طيب، لكن لا أزال غير مقتنع أنَّ الهروب مع الصراخ الذي بدرَ منكِ وقت الحادث كان سببه الخوف مِن اتِّهامك، هل تعرَّضتِ سابقًا لحادث مماثل أو تَمَّ اتِّهامك في قضية سابقة مشابهة؟ كوني صريحة، فتاريخ أي متَّهم سيكون

معلومًا لنا عاجلًا أم آجلًا، وإخفاء أي جزئيَّة لا تصبُّ في مصلحة المتَّهم، بل ستشير بأصابع الاتهام إليه.

المربية وقد تغيَّر وجهها، وبدا عليها التردُّد حتى التفتَت لممثل سفارتها الذي ألمح إليها بالرد بلا حرج، أجابت:

- نعم، سبقَ أن تعرَّضتُ لحادثة مشابهة لكن ليس هنا، كنتُ في الهند مربية لطفل في أحد البيوت الكبيرة جدًّا، حدثَ أن توفي الطفل بين يدي وقد اعتراه كالذي رأيتُه في وجه الطفل هنا، وتبيَّنَ أنه تسمَّمَ، واتُّهمتُ بأنّي مَن وضع السُّمَّ له، وحُبِستُ لأسابيع، وتبيَّنَ لاحقًا أنَّ واضع السم عاملة عندهم في مطبخ القصر كانت بينها وبين صاحبة القصر ضغينة، فأرادت حرق قلبها على صغيرها.

العميد:

- نعم، هذا قد يكون سببًا معقولًا، لكن لِمَ تظنّين أنَّ زوجة أبيه باشرَت باتّهامك بالقتل؟ هل بينكِ وبينها أيضًا ضغينة فتريد التخلُّص منكِ مثلًا؟!

المربية:

- ربما رأتني أكثر في الأسابيع الأخيرة مِن طلب إنهاء عملي هنا، وألحُّ على الأب إلحاحًا عظيمًا.

العميد:

- ولِمَ تريدين إنهاء عقدك؟ لَم يمضِ عليكِ أكثر مِن سنة، فترة تعدُّ قصيرة جدًّا بالنسبة لمهنة كهذي! ألَم تسمعي أنَّ بعضهنَّ يمكثن هنا أكثر مِن عشرين سنة وربما أكثر؟!

المربية:

- هذا صحيح، وأعرف كثيرًا مِن هذا الصنف، هؤلاء وُفِّقن في بيوت مريحة يُحتَرَمنَ فيها مِن قِبَل أناسها، وربما كان العمل أيضًا غير مرهق.

العميد:

- وأنتِ!

المربية:

- أنا لَم أوفَّق بصراحة، الأب والأم مِن النوع المتعِب جدًّا في التعامل، أمَّا الطفل فلا تسَل، كثير البكاء وليس يسيرًا إسكاته، سَنة أحسب أنها بعشرات السنين، استُنزِفتُ تمامًا ولَم يعُد بي قدرة على المواصلة.

العميد:

- وترَين أنَّ هذا سببٌ كافٍ لاتهامها لكِ بالقتل؟!

المربية:

- أقول ربما، ثم إنَّكَ ذكرتَ أنها أيضًا متَّهمة بالقتل، ومَن يتَّهمها هو صاحب الشأن الأول في القضية، والد الطفل وهو زوجها!

العميد وقد كسا وجهه ملامح اهتمام ودهشة:

- بالمناسبة.. ردودكِ تدلُّ على عقل راجح، وواضح أنكِ متعلّمة!

المربية:

- ليس معنى أنّي هاجرتُ مِن بلدي لأعمل مربية طفل أنّي غير متعلمة، أنا أحمل مؤهِّلًا جامعيًّا، لكنَّ سوق العمل هناك متشبّعة.

العميد:

- لا غرابة إذا كانت بلدان ليس فيها مِن السكان إلا العدد القليل، وتراها قد اكتفَت مِن بعض التخصُّصات، فكيف بمثل بلدكم أشبه ما تكون بقارَّة؟!

عمومًا نرجع لاستكمال ما بدأنا مِن أسئلة، هل ترَين أنَّ زوجة الأب مِن الممكن أن تكون هي القاتلة؟ وما السبب فيما لو كان جوابكِ نعم؟

المربية:

- هي اتَّهمَتني، هذا شأنها، ولا تملك على ذلك دليلًا، وأنا أقول ببراءتي التامَّة، بل إنَّ تاريخي معهما لَم يُسَجّل عليَّ فيه يومًا أنِّي آذيتُ الطفل ولو بكلمة، فضلًا عن ضرب، ناهيك عن قتل!

العميد:

- أتحدَّث عنها وليس عنكِ.

المربية:

- نعم، لكنِّي أردتُ مِن ذلك القول أن لا شأن لي بأحد منهما، أنا غريبة قدِمتُ للحصول على لقمة عيش لا أكثر، لستُ معنيَّة بتتبُّع تصرفاتهما ولا الحُكم عليها، ثم إنِّي حقًّا لا أعرف عنهما شيئًا يستحقُّ القول فيما أظنُّه يصبُّ في مصلحة التحقيق غير أنَّ تعاملَهم سيئ حتى فيما بينهما.

العميد:

- كيف وأنتِ لا تفهمين اللغة كما تقولين؟!

المربية:

- هذا لا يحتاج لفهم لغة، الصراخ الذي يحتدم بينهما دائمًا لا يحتاج لترجمة.

العميد:

- هل هناك عاملة منزل معكِ في البيت؟

المربية:

- لا، أنا فقط.

العميد:

- أنتِ مربية للطفل، ماذا عن طلبات بقية الأسرة التي أقلُّها تجهيز الطعام للوجبات المعتادة؟

المربية:

- عدا صغير الأب، لا يوجد في البيت إلا الزوجان، وهما مكتفيان بالخدمات الضرورية مِن مثل ما ذكرتَ والتي أقدِّمها لهما إضافة للاهتمام بالصغير.

العميد وقد أشار لمستخدم عندهم أن يصبَّ لها ماء، وأن يُحضِر لها ولممثل السفارة ما يريدان.

أراح ظهره قليلًا، ممَّا أعطاها أيضًا فرصةً لتلتقط أنفاسها، وتستجلب هدوءًا لنفسها واسترخاءً.

ممثل السفارة:

- سيدي.. هل انتهت جلسة اليوم؟

العميد:

- فقط سؤالان لا أكثر.

التفتَ إليها ليلقي إليها بهما:

- الزرقة في وجه الصغير تقول بأنه مات مختنقًا إمَّا باستعمال يدٍ أو ما يمنع الهواء مِن أي حائل، أو ربما باستعمال

مادة كدواء مثلًا تُسبِّب اختلالًا في جهاز التنفس، هل تظنِّين السبب الأول هو الأقرب أم الثاني؟

المربية:

- وما أدراني؟! الخنق! مَن يخنقه وأنا معه بدون أن أرى الفاعل إلا أن أكون أنا؟! ولقد ذكرتُ أنِّي لَم أفعل شيئًا، وقد كُنَّا نائمَين بجوار بعض لحين ما ذكرتُ لكم مِن إحساسي بحركات مريبة استيقظتُ على إثرها، أمَّا موضوع الدواء فأنا لا أفهم في هذي المواد، بل لا أذكر أنِّي حفظتُ يومًا اسمًا لأحدها، ولو أن يكون مِن الأصناف المشهورة والمتداوَلة بين الناس كمسكِّنات الألم مثلًا.

- نأتي الآن لآخر سؤال، هل لديكِ أطفال؟ كم يبلغ عمر أصغرهم؟ مَن يعولهم؟

المربية وقد تحدَّر منها الدَّمع، وأخذَت تنشج:

- لديَّ ثلاثة، أصغرهم في عمر هذا الصغير، وهم في رعاية أختي الكبرى التي أُنفِق عليها اليوم هي وأبنائها مع أبنائي.

العميد:

- برغم حاجتكِ وحاجة مَن حولكِ كلهم لكِ إلا إنكِ تُلِحِّين في إنهاء عقدكِ، كيف؟!

المربية:

- قلتُ إنِّي تعبتُ، والمكان والناس غير مُعِينين، وسأجد حتمًا مكانًا آخرَ وأناسًا آخرين.

قرأ لها ممثل السفارة التقرير كاملًا مِن أسئلة وما أجابت به، ثم وقَّعَت عليه إقرارًا بصحة ما وردَ فيه، وانفضَّ المجلس.

****

في جلسة تحقيق أخرى، ومع المتَّهمة الأخرى.. زوجة أبي الطفل القتيل.. دخلَت وهي في أشدِّ حالات الانهيار، حتى الدمع قد جمدَ في مقلتيها مِن شدة ما ذرفَت.

العميد في محاولة لطمأنتها:

- هوّني عليكِ أختي؛ فالموضوع مجرد تحقيق فيما رماكِ به زوجك، وما دمتِ بحمد الله واثقة مِن براءتك فأي شيء يقلقكِ فضلًا عن أن يبلغ بكِ هذا المبلغ مِن التأثير والانهيار النفسي؟!

المرأة وهي تصارع للتماسك بعد أن أخذَت شهيقًا ثم أطلقَته:

- أنا منهارة.. نعم، أنا لا أدري لِمَ صنعَ هذا معي! لِمَ يريد أذيَّتي وأنا لَم أصنع له أمرًا؟! بل إني مَن كان له عونًا وسندًا!

العميد:

- تقصدين أنكِ لا تدرين ما الذي دفعَه لاتهامكِ بقتل ابنه في حين أنكِ لا سببَ يدفعكِ لذلك أصلًا؟

- نعم.. قالت المرأة والحسرة بدَت أنها تأكل فيها، وأردفَت: ليس هذا فحسب، إنني أنا مَن ينفق عليه ليعيش تلك الحياة المترفة التي اعتادها.

العميد:

- أليس يعمل هو؟

المرأة:

- نعم يعمل، لكن براتب ليس بالكبير الذي يحقِّق له تلك المُتَع التي أَلِفَها مع أصحاب السوء، ولولا مال أدفعُه إليه كلما احتاج...

قاطعها العميد:

- عجيب! تدفعين له ليحيا كما يريد ثم هو يجازيكِ بالاتهام! ألا ترين أنَّ هذا ربما يكون دليلًا ضدَّكِ؟

هالها ما سمعَت، فقالت وقد اتَّسَعَت عيناها رعبًا:

- ضدي! كيف؟!

العميد:

- إذا جاء الاتهام مِن عدو فالدافع مفهوم، لكن أن يتهمكِ مَن تحسنين إليه دومًا اتهامًا بقتل، فهذا ربما يدل على ثقة المُتَّهِم بما يرميكِ به، ويقينه بما يقول ويدَّعي.

المرأة ووجهها ينطق بالحيرة والخوف:

- أنا حقيقة لا أفهم ما الذي دفعَه لاتهامي، أبدًا لا أفهم! ليتني... ثم انخرطَت في بكاء حادٍّ.

أشار العميد للمستخدِم بإحضار ماء لها وكوب شاي، ثم استشارها قائلًا بلطف شديد:

- لكِ كامل الحق بطلب إرجاء التحقيق إن كنتِ تحسّين بعدم استطاعة المواصلة، اهدئي الآن، وبانتظار قرارك بعد أن تشربي قدحكِ.

دقائق أعادت لها بعض سكينتها، وحسوات ماء وشاي ردَّت لها ماء وجهها، ثم أبدت رغبتها في المواصلة.

العميد:

- المربية تقول إنها برغم عدم فهمها للغة إلا إنها ترى أنَّ التعامل بينكِ وبين زوجكِ يدلُّ على عدم وجود توافق بينكما، وقد استوحت ذلك مِن رفع الصوت الذي كثيرًا ما يكون بينكما، فما تقولين؟ وهل بإمكاننا معرفة السبب؟

المرأة:

- لستُ أنكر ذلك، هو بطبيعته ذو أخلاق سيئة، ولولا أنِّي صاحبة فضل عليه حتى ساعة ما حدثَ لكان له أن يرميني في الطريق بلا ذرَّة رحمة.

العميد:

- أظنُّ الوضع بينكما الآن...

المرأة وقد تشرَّبَ صوتها شيئًا مِن قوة وحدَّة لا يخفيان:

- انتهى ما بيننا بكل بساطة، لَم يعد ثمة ما يجمعنا بعد اتّهامه.

العميد:

- جيرانكم يَعجبون مِن عدم وجود ما يوحي بوجود أحد بالبيت منذ الحادثة.

المرأة:

- البيت لي بالأساس، لكن لَم تعُد بي رغبة في سكنَى به أبدًا.. ليس بعد الذي حدث.

عاد الدمع بعد أن وجد له مسربًا، فقدَّم لها علبة مناديل، فأخذَتِ اثنتين منها، وامتخطَت بلطف يشي بأنها ابنة ناس لكن أتعبَتها الأيام.

العميد:

- أتعنين أنه حدثَ فراقٌ بينكما بصورة رسمية؟

المرأة:

- وهل بعد ما حدث يمكن أن يُتصوَّر استمرار علاقة زوجية أساسها المودَّة التي لَم تكُن توجد إلا في حدودها الدنيا أمَّا الآن فتداعت تلك الحدود بكليتها؟!

العميد وإن بدا أنه يتحرَّج مِن إلقاء السؤال:

- معذرة أختي، لكُم أكثر مِن سنة منذ زواجكما، ألَم يُكتَب لكما رزقٌ بطفل؟

المرأة وقد اعترى ملامحها حزنٌ ملحوظ:

- لَم نُرزَق، ولن يكون أبدًا حتى ولو استمرَّتِ العلاقة.

بدا الاهتمام على وجه العميد الذي استمعَ لها بإنصات شديد وهي تكمل بحسرة متدفِّقة مِن بين ثناياها:

- أنا.. عاودها دمع سخيٌّ وإن بصمت، مسحَته ثم **تابعَت:** أنا عقيم خلقةً؛ فلديَّ تشوُّه في الرحم يجعله أرضًا لا تُنبت طفلًا أبدًا.

العميد:

- أنا جِدُّ آسف أختي.

المرأة:

- لا حاجة لك بذلك، هذا عملك، ولا بُدَّ مِن إلقاء الأسئلة وإن كان بعضها مدمِيًا لقلب المسؤول، ضرورة لا بُدَّ منها مهما أحرجَتك وآلمَتنا.

العميد:

- أشكركِ حقًّا لتفهُّمكِ، أنتِ بحق نبيلة.. هل كان زوجكِ...

- سابقًا.. قالتها المرأة بشيء مِن غيظ وحدَّة.

أكملَ العميد:

- نعم سابقًا، هل كان يعلم بعدم قدرتك على الحمل؟

المرأة:

- نعم، بل إنه هو الذي تقدَّمَ لي، وأبدَى رغبته في الارتباط بي بعد طلاقي مِن زوجي السابق يوم عَلِمَ بموضوع الرحم المشوَّه خلقة، وقال إنه يرغب في شخصي، وليس لديه رغبة في طفل، إن جاء فبها ونِعمَت، وإلا فليس مهتمًّا على الإطلاق، خاصةً وأنَّ لديه رضيعًا مِن زوجته السابقة المتوفَّاة، وهو بحسب ما أبدَى مكتفٍ به جدًّا.

العميد:

- أستميحكِ عذرًا، لكن ما الذي يجعله يتقدَّم لمثلك؟ آسف.. قصدي ما الدافع له للاقتران بكِ؟

المرأة وقد فهمَت ما يرمي إليه:

- لا أنكر أنّي خُدِعتُ به؛ إذ ظننتُ أنَّ جمالي كان كفيلًا أن يجعلني أمنية له وحتى لغيره ولو بعجزي عن أن أقدِّم طفلًا يتطلع إليه كل الرجال، ولَم يمضِ وقت طويل حتى عرفتُ سريرته، وأنَّ إقدامه على الزواج بي لَم يكُن إلا لثروتي الكبيرة التي ورثتُها بعد وفاة أبي، ولَم يكُن له قريب سِوَاي.

العميد:

- وكيف عرفَ بالثروة؟ بل دعينا نقول كيف تعرَّفَ عليكِ بدايةً؟

المرأة:

- أحد أصحابه الذين لا ينفكون يجتمعون كل ليلة هو ابن خالٍ لي، وهو الذي للأسف الشديد امتدحَه لي، لَكَم كنتُ غبية أن أصدِّق مدحًا مِن رجل أعرف سيرته وسريرته!

العميد:

- وفيم اجتماعهم؟

المرأة:

- علمتُ متأخِّرًا أنهم يجتمعون مِن أجل المقامرة، وهذا ما يجعل أخلاقه سيئة؛ فالخسارة في مواطن كهذي تكدِّر حياة المتردِّي فيها، وتجعل عيشته نكدًا.

العميد:

- ومِن أين له بمال يكفيه لهذا القماروأنتِ تقولين إنَّ راتب وظيفته ليس بالكبير؟!

المرأة:

- ألَم أذكر أنِّي ذات فضل عليه؟! هذا ما أقصده، كنتُ أضطر لإعطائه مبالغ لكن بالقدر الذي لا يضيرني، ويجعله يستمر في عبثه ومقامرته.

العميد:

- تعطينه بقدر! إمممم.. وهذا بالتأكيد ما يفسِّر الخلاف الذي عادة ما ينشب بينكما، وتسمعه العاملة في شكل صراخ ورفْع صوت!

المرأة:

- هذا صحيح، فقد كان يطالب بالمزيد، وكنتُ أردُّه بشدة، فلو انسقتُ مع طلباته لأفلستُ ولو كان عندي مال قارون.

العميد:

- هو سؤال أخير نكتفي به هذه الجلسة، تعلمين أين ينفق المال ثم تعطينه، ألا ترين هذا خطأ وأنتِ مَن يساعده على التمادي في الخطيئة؟

المرأة وقد أصدرَت صوتًا ينمُّ عن ألم:

- أعرف.. لكن ضع نفسك مكاني، ثاني زيجة، ورحمٌ معطوب، هل ثمة أمل في فرصة مستقبلية؟! كنتُ أعلِّل النفس بصلاح حاله ولو بعد حين، وأسدِّد في موضوع المال وأُقارب، بان الآن أنِّي كنتُ حالمة ومخطئة.

أشار العميد للكاتب بنهاية الجلسة، وقامت فوقَّعَت على ما تمَّ تدوينه، ثم انصرفَت.

أتبعها العميد بنظره وهو لا يدري.. أينساق مع مشاعره فيتعاطف معها؟ أم أنها تخفي داخلها شخصيةً أخرى مغايرة، شخصية قاتل محتال لا يستحق ذَرَّةً مِن شفقة؟!

****

وجاء دور أبي الطفل القتيل.. وزوج المرأة المتَّهمة مِن قِبَله.. احتلَّ مقعده، تطلَّعَ إليه العميد وهو دهِش، وقال محدِّثًا نفسه: رجل عجيب! انهدَمَ بنيان بيته؛ مات الطفل، وفارقَته الزوجة، ولا أثرَ حزن يبدو عليه وكأنما قُدَّ وجهه مِن حجر!

العميد مباشرة:

- اتَّهمتَ زوجتك بقتل رضيعك هكذا بلا مقدمات عقلانية أو دليل مادي في الوقت الذي كان الاتهام يحيط بالمربية وحدها، هل مِن سبب لذلك أو قرينة تدلُّ على ما رميتَها به؟

الرجل:

- وأي عقل يقول باتِّهام المربية؟! هي كانت معه طوال سَنة كاملة، ولَم نعهد منها شيئًا مريبًا، بل كانت حَدَبًا عليه.

العميد:

- لكنها في الأيام الأخيرة كانت تطلب منك بإلحاح إعادتها لبلدها.

الأب وكأنه أكبر محامٍ موكَّل للدفاع عن المربية:

- نعم فعلَت ذلك، لكن هذا ليس مبرِّرًا لاتّهامها بقتله، فقد قالت إنها تعبَت؛ فالطفل كثير البكاء، وأنا أصَدِّق كلامها، فهو ابني وأعلم عنه ذلك، بل كنتُ أدعو ألا ترفض العمل مِنذ أن تسلَّمَت تربيته.

العميد وقد استُفِزَّت قدرته الجدلية:

- فلنسلِّم جدلًا أنَّ المربية لا هدف لها مِن وراء قتل الطفل فبالتالي نستبعدها، فأي دليل تقيمه أو قرينة قوية على أنَّ زوجتك هي الفاعلة وهي لَم تباشر التعامل مع الطفل؟ فهو كان في جوار مربيته، ما أقصده أنَّ التعامل مع الطفل لحين وفاته كان مِن جانب المربية، فكيف بالله استطاعت زوجتك.. السابقة أن تقتله؟!

الرجل:

- ربما كانت المربية أداة تنفيذ مِن غير علمها.

العميد:

- أعراض الاختناق على الطفل بادية للعيان، الأسباب هنا إما خنق له مباشر، ولا يُتصوَّر فِعل ذلك مِن المربية، وهي تنفي قيامها بأذية الطفل خاصةً وأنَّ هذه الطريقة سهل كشف القائم بها، أو حالة مِن حالات الاختناق التي يتعرَّض لها بعض الأطفال خلال نومهم، وهذا أمر طبي، وسيقوم المختصُّون

بتزويدنا بتقرير عن ذلك، أو أن يضع أحدهم للطفل مادة قاتلة تؤدي للاختناق، وفي هذي الحالة تكون كلتاهما هدفًا للاتهام.

الرجل:

- طلبتَ منِّي سببًا مقنعًا لاتِّهام زوجتي بقتل ابني، دعني أنقل لك ما شاهدتُه مِن تصرُّفٍ بدا لي حينها غريبًا، لكنِّي أمررتُه لأنِّي لَم يخطر ببالي أمر سوء، وقد نسيتُ الموضوع برمَّته حتى حدث ما حدث، وهنا استدعَتِ الذاكرةُ الصورة التي رسخَت بها.

العميد وقد ظهر عليه الضجر مِن كثرة الاسترسال، وبدا طالبًا الاختصار والحديث المباشر:

- صورة ماذا التي رأيتَ وكانت سببًا في التفكير لاتهامها؟

الرجل:

- قبل دخولي للنوم قمتُ بالمرور على غرفة الطفل، لَم أرَ المربية، رأيتُ زوجتي وهي تمسح قارورة الرضاعة بمنديل مبلَّل! دهشتُ لذلك؛ فلَم أعرف عنها أنها اهتمَّت يومًا برضاعة الطفل، ولا بأي شأن مِن شؤونه، ولستُ ألومها؛ فهو ليس ابنها، وحينَ رأتني أدركتُ منها ارتباكًا؛ فقد تغيَّرَ وجهها.

العميد:

- ربما كان تصرُّفًا طبيعيًّا، ولا يمكن اعتباره ذا دلالة قوية على علاقةٍ بالجُرم.

الرجل:

- لو أنَّكَ عرفتَها مثلي لاستغرَبتَ منها هذا الصنيع، هي متعالية على أمور الطفل، ما سمعتُها يومًا تسأل المربية عن حاله أو حتى تناقشني في موضوع يتعلّق به.

العميد:

- عندنا متّهمان، أحدهما غريب والآخر قريب، ثم نجد أنك تدافع عن الغريب، وتتّهم القريب، لا أخفيك أنِّي أرى ذلك مستغربًا!

الرجل:

- لا غرابة أبدًا، قلتُ إنَّ المربية سيرتها حسنة، ولا يوجد عندها سبب وجيه لقتل الطفل، هو بالنسبة لها مصدر رزق، وكيف تفعل ذلك وهي تعلم يقينًا أنَّها أول مَن سيوجَّه له أصابع الاتهام؟!

العميد وقد زوى جانب فمه:

- وزوجتك.. أي سبب يدفعها لارتكاب هذا الجرم خاصةً وأنها كما عرفتُ لا تلتفت لأي أمر له؟ أي إنها في عالمها الخاص

لا يقتحمه مِن أمر الطفل شيء ولو يسيرًا يمكن أن يكدِّره، الطفل ببساطة لا يضرُّها في قليل أو كثير!

الرجل:

- لعلَّكَ يا سعادة العميد أغفلتَ الجانب النفسي.

العميد وقد اكتسَته الدهشة على ملامح وجهه:

- جانب نفسي! لَم أفهم!

الرجل:

- لعلَّكم تعلمون أنَّ زوجتي كانت عقيمة، وامرأة كهذي مهما بدت قوية مِن الظاهر إلا إنها يقينًا ستجدها أشد ما تكون ضعفًا يوم يأتي جانب الطفولة والأمومة، طفل في بيتها هو ليس مِلكًا لها، ومضطرةٌ لرؤيته ليلًا ونهارًا يذكِّرها بالنقص الذي تعانيه.

العميد:

- كان يسيرًا عليها التقرُّب منه واحتواؤه كطفل لها، وهذا نوع مِن تعويض نفسي لها، أظنُّ ذلك أكثر منطقية مِن أن تتَّهمها بإرادة التخلُّص منه هكذا ببساطة، لكن ربما كان هذا عسيرًا عليها؛ لأنَّ علاقتَكَ بها مثلًا ليست على ما يرام، المربية تَذكُر صراخكما الذي يصلها كثيرًا مِن غير أن تفهم ما يقال، لكنه الصوت الذي يشي بخلاف كبير!

الرجل:

- الخلاف لا يخلو منه بيت، نعم.. ربما زدنا الغلة.

قاطعه العميد:

- ولِمَ هذا الخصام المستمر؟ أنتما اثنان لا ثالثَ لكما، كل ما يمكن التفكير فيه مِن منغِّصات الحياة ليس موجودًا عندكما؛ لا أولاد متعبون في تربية ولا في تعليم وتطبيب، كما وأنكما مستريحَان مادِّيًّا!

وهنا داهمَ العميدُ الرجلَ بتعليق قبل أن يجيب: نعم راتبك ليس بذلك القوي، لكن هي في بحبوحة عيش، وتملك مالًا عظيمًا، ولا تبخل عليك بشيء.. ثم نظرَ إليه نظرة ارتجَّ لها الرجل مِن الداخل قبل أن يجيب:

- أو تظنُّ أنَّ امرأةً مثلَها وإن كانت جميلة لكن عقيمة خلقة، أي لا أمل منها البتَّة في حَمل يرتبط بها رجلٌ مثلي زين الشباب – هو بحقٍّ كذلك مظهرًا – ولا عيبَ يُرمَى به في تكوين أسرة سَوِيَّة إلا لأنها تحمل مؤهلَ المال الذي يغطي على كثيرٍ مِن العيوب؟! نعم هي كانت تمدُّني به لكن إلى حدود لا تُجاوزُها ممَّا يشعرني بالألم، ويذكِّرني بقلة حيلتي في جانب المال، وأنا أريد حياة مريحة أستلذُّ فيها بما يطيب لي، وإلا فأي قيمة للمال؟!

العميد:

- وكان عليها بطبيعة الحال ما دُمتَ رضيتَ بها زوجًا أن تعوِّضك ولو أن تُبدِّد ثروتها عليك، ثم تجلس على (الحديدة) تضرب كفًّا على كف؟!

الرجل وقد أغاظته السخرية في قول العميد ارتفعَ صوته قليلًا:

- تملك مالًا عريضًا، وما تجود به عليَّ يُعَدُّ فتاتًا مقارنةً به.

العميد:

- هو مالها على كل حال، وليس عليها لا شرعًا ولا قانونًا أن تكرمك منه بشيء، فضلًا عن أن تغنيك به.

الرجل وقد احتدَّ:

- وما لها لا تفعل ذلك؟! رضيتُ بها بنقصها، وكان عليها أن تردَّ لي جميلًا صنعتُه لها، وما قدَّمَته لا يعدو قدرًا ممَّا يأخذه أي رجل قليل ذات اليد مِن زوجته الموسرة التي لا تعاني مِن نقص كما تعانيه زوجتي.

العميد وقد رمقه مِن جانب:

- ألا يبدو مِن خلال حديثك أنَّك أنتَ الذي تعاني مِن نقص تريد أن تداريه بالهجوم على مَن يملكه، ويملكه بوفرة؟

الرجل مبديًا ضيقه مِن اتِّهامه ومعترضًا:

- معذرةً يا سعادة العميد، لكَ أن توجِّه أسئلة وليس لك أن تشخِّص حالتي النفسية وتسبر أغوارها.

العميد:

- عجيب! هأنتَ فعلتَها مع تلك المسكينة زوجتك، وأشبعتَ شخصيتها تحليلًا لتصل لمبتغاك مِن رميها بتهمة ليست قريبة منها بحال، والآن يزعجكَ استعمال ذات الأسلوب معك!

الرجل:

- في شأنها كنتُ مضطرًّا لذلك؛ حتى نربط الفعل بالدافع ليس إلا.

العميد:

- تتحدَّث وكأنَّك موقِن بأنها الفاعلة!

الرجل:

- يوم أن يُصرَف السبب الثالث المرضي الذي ذكرتَ مِن أسباب الاختناق فلن يكون إلا هي، وما ذكرتُ مِن رؤيتها حاملةً قارورة الرضاعة بالكيفية التي قلتُها أظنُّه قرينة قوية، حتى وإن كانت اليد التي ناولَته ليست يدها!

العميد:

- قلها بصراحة إنك تشكُّ بأنَّها دسَّت شيئًا آذى الطفل وأزهَقَ روحه، هل هذا ما ترمي إليه؟

الرجل:

- وهل يقول المشهد الذي رأيتُه غير ذلك؟!

العميد:

- سيقول التقرير الجنائي كل شيء، وعنده المضبوطات، ومنها قارورة الرضاعة، وسنرى حينها الصورة أشدَّ ما تكون وضوحًا.

رمقَ العميد ظَهْرَ الرجل وهو يولِّي، وفي نفسه سؤال يضجُّ بداخله: لا أحبُّ هذا الرجل، لماذا؟! لا أدري!

****

وفي جلسة نهاية الأسبوع في بيت أخيه.. دخل العميد عبد الله الملحق، وهناك تواجد الأغلبية.. البعض يتابع مباراة أجنبية، والبعض يلعبون (تركية)، ولا نعرف إن كان مصدرها الدولة التركية ومنها أخذَتِ الاسم، أم أنه جاء اعتباطًا أو اسمًا تمَّ تحريفه عبر الزمان وربما المكان.

حمودي وبرهوم كانا في عالم آخَر، كلٌّ منهما سابح في فضاء جواله، فوجدها العميد فرصة، فأشار لهما بالاجتماع في ركنهم المفضَّل.

حمودي:

- لعلَّ شيئًا جدَّ في القضية.

برهوم:

- أكيد وإلا لما طلب منَّا مباشرة الاجتماع.

العميد:

- المربية لا زالت مصرَّة على عدم معرفتها بما حدث للطفل، وترى نفسها بريئة ممَّا رمتها به زوجة الأب، ولا تدري لذلك

سببًا خاصةً وأنها لَم تخطئ في حقها يومًا، والعجيب أنَّ الأب يدافع عنها باستماتة، ويرى أنَّ ليس عندها سبب مقنِع لقتل ابنه، ولو فعلَت ذلك فبغير إرادة منها، كأن يكون دُسَّ شيءٌ في حليب الطفل وهي مَن سقَته بلا معرفة.

برهوم:

- وكأنه يرمي زوجته رميًا مباشرًا.

حمودي:

- فمَن غيرها إن لَم تكن المربية؟ طرفان في القضية لا ثالث لهما، فإن أُلغِي أحدهما فالآخر لا محالة، لكن ما تقول الزوجة فيما رماها به الزوج؟

العميد:

- تقول إنها تعجب مِن اتهامه لها، ولا تدري لذلك سببًا، وهي التي تمدُّه بمالٍ يؤمِّن له حياة مترفة بأكثر ممَّا يقدر عليه راتبه!

برهوم:

- فعلًا.. تصرُّفٌ عجيب تجاه مَن يجود عليك!

حمودي:

- ألا يكون ذلك ليقينه التامِّ بأنها مَن قتلَتِ الطفل؟ وهنا لا يُتخيَّل أن تكون أي إعانة لكَ مِن مُكرمٍ سببًا في غضِّ الطرف

عن خطيئته في حقك بقتل أحبِّ الناس إليك.. مهجة فؤادك وفلذة كبدك.

العميد:

- وهذا ما فهمتُه مبدئيًّا مِن اتهامه، وذكرتُ لها ذلك.. أتَّفق معك في هذا.

برهوم:

- وهل أعطَى الأب مبرِّرًا لما يُصِرُّ عليه؟

العميد:

- يقول إنه رأى زوجته ليلة الحادث وهي تمسح قارورة حليب الطفل في غرفته، علمًا أنها ليست معتادة أن تتدخَّل في شأنه أبدًا.

حمودي:

- لَم يتبقَّ إلا أن يرميها بوضع سُمٍّ في الحليب.

برهوم:

- وسيقول إنَّ المربية لَم تكُن على علم بذلك.

العميد:

- وصلني التقرير الجنائي بعد فحص المضبوطات قبل ساعتين.

حمودي:

- وما فحواه؟

العميد وقد رأى تلهُّفهما على السماع بشوق:

- فحْص بقايا الحليب في القارورة أسفَرَ عن وجود مادة شبيهة بتركيبة دواء Meperidine.

حمودي وقد زوى ما بين حاجبيه:

- ولأي شيء يُستعمَل هذا الدواء؟

العميد:

- هو دواء يُستعمَل كمضادٍّ للألم الشديد، ولا بُدَّ مِن صرفه مِن قِبَل طبيب مختصٍّ؛ لأنه قابل للإدمان عليه.

حمودي:

- وهل مِن بصمات غير بصمات المربية وُجِدَت على قارورة الرضاعة؟

العميد:

- ليس غير بصماتها.

برهوم بعد احتسائه لفنجان شايه الذي بردَ دفعة واحدة:

- وهل وُجِدَ ضمن المضبوطات هذا الدواء أو شبيه له؟

العميد:

- لا، الحقُّ أنَّنا اقتصرنا على مضبوطات ما حول الحادثة مِن حليب الطفل، وقارورة الرضاعة، وكلِّ ما يمتُّ للطفل بصلة، وأُخِذَت عيّنات مِن قَيئه للمعمل.

برهوم:

- لعلَّكم أخذتم بالظاهر، وارتأيتم أنها قضية سهلة، مربية فعلَت فعلتها انتقامًا مثلًا أو لسبب آخر، فاكتفيتُم بالطفل ومحيطه.

حمودي:

- لكنَّ هناك أيضًا اتهامًا لزوجة الأب.

العميد:

- لَم نكُن نعير ذلك الاتهام التفاتًا، وأظنُّنا بحاجة لمزيدِ تقصٍ لمكان الحادثة.

حمودي مستدركًا:

- تقصد البيت كله؟

العميد مؤكِّدًا:

- نَعم البيت كله.. سنتيمترًا سنتيمترًا!

برهومي:

- خير البرِّ عاجله.

العميد:

- ما الذي تقصده؟

برهوم:

- نَعَم الآن، نحن متطوّعان في إدارتكم الجنائية، ويحقُّ لنا الإسهام، وأنتَ الآن معنا، فأيُّ ضيرٍ في أن نسابق الوقت فندخل البيت ونفتّشه؟

- مفتاح البيت مع المضبوطات، وهو داخل المركز.. قالها العميد.

التفتَ حمودي إلى محيسن وعمير، ثم ضحكَ قائلًا:

- لسنا بحاجة لمفتاح خارجي، ليس مع هذين الجميلَين.

ابتسمَ الجميع، وهنا ضرب الاثنان صدرَيهما قائلَين:

- نحن لها.

حمودي:

- عسى أن تكون أبواب الداخل مفتوحة أو أحدها.

برهوم:

- إن وُجِدَت كذلك، وإلا فالشبابيك طريق آخَر، وما أظنُّهم وسط ضجيج المشكلة التفتوا لإحكام إغلاقها.

ثلاث ثوانٍ لا أكثر ومحيسن بداخل فناء البيت بعد تسلُّق جدار الجار، وقد فتحَ لهم الباب الخارجي.

دلف الخمسة للداخل بهدوء، أشعلوا بعض مصابيح الداخل الخافتة حتى لا يتسبَّب منها شعاع للخارج.

بدؤوا البحث.. العميد وحمودي في اتجاه، وبرهوم ومحيسن وعمير في اتجاه آخَر اختصارًا للوقت.

غرفة الطفل أعاد العميد وحمودي فحصها مرةً أخرى بدقة متناهية.. لَم يتبيَّن وجود شيء لافت للنظر، واضحٌ أنَّ رجال البحث الجنائي لَم يدَّخروا جهدًا في تفتيشها وضبط كل ما يشكُّ أنَّ له صلة بالجريمة.

برهوم ومحيسن وعمير جالوا في غرفة الزوجين الكبيرة، وبدؤوا تفقُّد كلِّ شبرٍ فيها ومحتويات الدواليب والأدراج، وحتى النفايات.

امتدَّت يد برهوم داخل أحد الأدراج ليجد علبة دواء، وكانت المفاجأة.. ذات الدواء الذي ذُكِرَ اسمه في تقرير المعمل الموجود بقاياه في حليب الطفل!

استدعَى الجميع، فجاؤوا على عجل، وقال مخاطبًا العميد:

- هذا الدواء الذي وُجِد بقاياه في الحليب!

- رائع.. رفعَ بها العميد صوته قليلًا، وقد تهلَّلَ وجهه، ثم **تابَعَ:** يبدو أنَّ هنا كنوزًا كنَّا عنها غافلِين، لسنا بملومين؛ فأغلب القضايا تتَّخذ الشكل البسيط، ولَم تكُن بحاجة إلا لبعض بحث كالذي قمنا به، ثم يتبيَّن الحلُّ، ويكون صحيحًا،

إذن فلنكمل البحث؛ فلعلَّ مستجداتٍ تُجَلِّي الحقيقة كأوضح وأنصع ما تكون.

انتشروا مرة أخرى.. وجاءت المفاجأة الأخرى التي التقطَها العميد هذي المرة، حاوية النفايات في زاوية الحجرة يوجد بأسفلها عند زحزحتها قفازان أزرقان، وعند التدقيق فيهما وُجِدَت بعض ذرَّات مادة بيضاء!

أخذ الكل ينظر لبعضهم البعض في استغراب، تحفَّظوا عليهما وعلى علبة الدواء.

تسرَّبَ إحساس لهم بالاكتفاء في ظلِّ اعتقاد أنَّ ما وجدوه ربما كان مفتاحَ حلِّ القضية، لكن حتى لا يَدَعوا مجالًا لذرة شكٍّ في وجود ما يفيد تفقَّدوا الأمكنة مرة أخرى، ولمَّا لَم يجدوا شيئًا لافتًا للنظر أخذوا طريقهم خارج البيت بكل هدوء.

وفي الملحق مرةً أخرى تحلَّقوا فيما بينهم، وكان الحوار.

العميد:

- ما ترون فيما وجدنا؟

حمودي:

- قفاز وتحت حاوية النفايات! ربما لا يكون وضعه مِن قبيل المصادفة خاصةً وأنه مدسوس تحتها بعناية.

برهوم:

- وتلك الذرَّات البيضاء، لعلَّها بقايا مادة مطحونة.

العميد وكأنه يُحدِّث نفسه: تُرى هل يكون بينهما عامل مشترك؟

حمودي:

- لعلَّك تقصد المشترك بين العوامل الثلاثة، بقايا الحليب، وبقايا ما في القفازين، والدواء.

العميد وفي كلام مليءٍ بأمل:

- نعم، لئِن كان فقد اقترَبَت شمس الحقيقة مِن البلوج.

قال برهومي وكأنَّ خاطرًا توهَّجَ في ذهنه:

- بالمناسبة.. هلَّا أعطيتَني علبة الدواء؟

أخرجَها عمير مِن الكيس الذي تحفَّظوا عليه فيه مع القفازين، وسلَّمَها لبرهومي.

وجد ما كان يطلبه، فتهلَّلَ وجهه، والتفتَ إليهم قائلًا:

- كما توقَّعتُ، هنا شريط ملصَق مدوَّن فيه اسم المريض، هلَّا خمَّنتم لمن هو الدواء؟

حمودي:

- أرجوك برهومي.. قُلها وأرِحنا.

برهومي:

- اسم المريض المدوَّن زوجة الأب!

العميد مُنهِيًا الجلسة بعد هذا الجهد البدني والفكري المضني:

- أظنُّنا بحاجة لقراءة جديدة لمشهد الجريمة، الأسبوع القادم سيكون هناك استكمال لجلسات التحقيق ومع ما يخرج به المعمل، ستبدأ الحروف والكلمات في أخْذ أماكنها ليكون الكتاب مقروءًا بوضوح شديد.

****

وأُدخِلَتِ المربية مكتب العميد، يرافقها ممثل السفارة الهندية..

وبلا إضاعة وقت قال العميد:

- تذكَّري أننا أمام جريمة لا يوجد فيها إلا متَّهمان أنتِ أحدهما.

بدت رجفة ملحوظة في جسدها وخوف يبدو جليًّا في ملامحها.

وتابعَ العميد:

- لذلك فإنَّ عليكِ أن تعينينا بكل ما يمكن أن يُسفِر عن وجه الحقيقة، هذا إن كنتِ مُصِرَّة على براءتكِ!

المربية وبصوت متهدِّج:

- أنا لا أعرف شيئًا إلا ما ذكرتُه لكم، أنا بريئة، إنَّ لديَّ أطفالًا هناك يَقِضُّ مضجعي أن أفكر مجرد تفكير أنَّ أحدًا مِن الممكن أن يعاملهم بسوء، وأنا كنتُ أعامِل هذا المسكين وصورة أبنائي أمامي، فلا أملك إلا حُنُوًّا عليه وحَدَبًا.

العميد مستدرِكًا:

- والد الطفل يشهد بذلك، لكن نحن أمام مشهد واقعي يقول بأنكِ أنتِ مَن جهّزَ حليب الطفل وأرضعَه، والآن يُثبِت المعمل أنَّ تحليل بقايا الحليب به بقايا مِن مادة دوائية سبَّبَت اختناقًا للطفل ومِن ثَمَّ وفاته...

لَم تنتظر المربية إنهاءَه لسؤاله، فَعَلا صوتها عن المعتاد:

- لا... أنا لستُ مَن جهَّزَ حليب الطفل.

العميد وقد اعتراه اهتمام، والتفتَ بكلِّيته إليها، ثم ألقَى بالسؤال المنطقي:

- إذن مَن؟! أنتِ المربية، وهذا مِن صميم عملِك.

المربية:

- عدا ليلة الحادثة.. خرجتُ مِن دورة المياه، فوجدتُ زوجة أبيه قد جهَّزَتِ الحليب، وأخذَت في خضِّ القارورة، ما جعلني أنظر إليها بدهشة واستغراب؛ فهذه أول مرة أشاهدها تفعل ذلك.. وهنا تذَكَّرَتْ أمرًا آخر **فأكملَت:** كما أنِّي رأيتُ زوجها بجانبها وكأنَّه دهش لصنيعها.. لعلَّكم تسألونه.

العميد هازًّا رأسه بالموافقة:

- نعم هو ذكَرَ ذلك، لكن كيف فسَّرتِ عملها ذلك؟

المربية:

- عزوتُ ذلك لرأفة تملَّكَتها، فالإنسان مهما بلغَ جبروته يبقَى فيه جانب ضعيف يحاول إخفاءَه قدر المستطاع، لكن يأتي عليه اليوم والساعة التي يظهر فيها بوضوح.

العميد:

- وبعد أن عرفتِ الآن بوجود المادة القاتلة، هل ترينَ سهلًا الآن اتّهامها بوضع المادة؟

- لا لا.. قالتها المربية، ثم **واصلَت:** ليس كي أُثبِت براءتي.. أنا بريئة وكفى سواء كانت هي الفاعلة أم لا، وأنا لا أتمنَّى لها ولا لغيرها ارتكاب جُرمٍ بهذي الشناعة، آمُلُ أن أكون مفهومة.

العميد:

- نعم، هذي قيمة كم نتمنَّى أن تسود بين البشر أجمعين.

احتوى رأسه بين كفَّيه المستندتَين على الطاولة أمامه، لحظات ثم رفَعَ رأسه إليها **قائلًا:** أنتِ تقولين إنكِ تقومين أيضًا ببعض أعمال البيت، هل تقومين بتنظيف حاويات القمامة بصورة يومية؟

المربية:

- لا توجد حاجة يومية لذلك؛ فلا يوجد في البيت إلا هما، كنتُ أقوم بذلك كلَّ يومين.

العميد وقد رفعَ إليها قفازًا أزرق:

- هذا معناه أنكِ ذلك اليوم لَم تقومي بالتنظيف وإلا كنتِ انتبهتِ لوجود هذا.

المربية:

- لَم أرَ هذا مِن قبل أبدًا.

العميد:

- وجدنا علبة دواء مكتوبًا عليها اسم الزوجة، هل كانت تعاني مِن مرضٍ ما أو ألم؟

المربية:

- وجدتُ ذلك الدواء أول أيامي وأنا أنظّف حجرتها، ولمَّا رأت مني التفاتة لما هو مكتوبٌ عليه نهرتني، وحذَّرتني مِن التفكير باستعماله حتى لا أُوذِيَ نفسي؛ فهو لا يصلح إلا لحالتها الشديدة، ومِن يومها وأنا لا ألمسه مجرد لمس.

فقط سؤال أخير:

- هل الزوجان منظَّمان؟ أي هل يضعان كل شيء مِن متعلقاتهما في مكانه؟ لعلَّكِ فهمتِ القصد.

المربية:

- الزوجة جدًّا منظَّمة، ولا ترتضي إلا النظافة والترتيب بدقَّة متناهية، أمَّا الزوج فالحَقُّ أنه مهمِل يرمي هنا وهناك،

وحينها تنشب المعركة بينهما حتَّى تَحَوَّلَ لاحقًا إلى مجاراتها إلى حدٍّ كبير، فارتضَت منه بذلك.

- جميل جدًّا.. قالها العميد وهو يعتصر تفكيره، ثم **أكمل:** بإمكانكِ المغادرة.

وأُدخِل والد الطفل على إثر خروجها.. العميد وقد رمقه بنظرة فاحصة محاولًا سبر أغواره، **وقال في نفسه:** جميلٌ نعم، لكنَّ جمال التماثيل لا حياة فيها!

قال بعد أن رآه مستويًا على مقعده:

- دعني أخبرك أولًا بوجود مستجَدَّات، فنتائج المعمل خرجَت وبعض المتعلِّقات أُدرِجَت في ملفِّ القضية.. قبل ذِكرها.. هل لا زِلتَ مُصِرًّا على أقوالك مِن تبرئة ساحة المربية وإلصاق التهمة بزوجتك؟

والد الطفل وكأنه يريد قراءة أفكار العميد، أصادقٌ هو في وجود ما يغيِّر مسار القضية؟ أم أنها تحصيل حاصل والأمر لا يعدو ضغطًا عليه نفسيًّا ليرى إن كان لديه ما يخفيه؟ فقال:

- ليس فيما أعلمه، لعلَّ جديدًا لديكم يقول بشيء مغاير.

العميد:

- نعم، ثمَّة ما يضاف لملف القضية، أمَّا أن يحرِّفها عن مسار الاتهام فذلك لا نجزم به، والأيام القادمة ربما تتمخَّض عن كثير أو نهاية.. مَن يدري؟!

والد الطفل وبوجه قُدَّ مِن حجر:

- كُلِّي شوقٌ لذلك حتى يرقد طفلي في قبره بسلام، فروحه المعذَّبة تحلِّق كل ليلة في سماء حجرتي وفوق رأسي تريد انتقامًا مِن مزهقتها بلا أدنى رحمة.

العميد وهو يَعجب أنَّ كلماتٍ كهذي كان لها أن تذيب صخرة صلداء لو جاءت مِن قلب مكلوم غيره، ما حرَّكَت فيه شعرة، وما أثَّرَت في عُصَيبٍ صغير فيه، فقال وكأنه يجاريه لا غير:

- نعم.. ستأخذ العدالة مجراها، وسيسقط الفاعل إن عاجلًا أو آجلًا، ولن يجد وقتها له راحمًا.. عمومًا.. دعنا نرجع لما استجدَّ.. التقط علبة الدواء بجواريده، ورفعَها في وجه الأب قائلًا: هذا الدواء لمن؟ فقد وجدناه في حجرتكما!

الأب:

- لزوجتي.

العميد:

- مِمَّ تعاني هي؟

الأب:

- هي تعاني مِن آلام في أعصابها الطرفية جراء ارتفاع السكر، وهذا الدواء مسكِّن جيد لهذي الآلام.

العميد:

- مَن وصف لها الدواء؟ وهل تأخذه مِن قديم؟

الأب:

- الوصفة مِن استشاري كبير، وهذا له بعض سنوات.

العميد:

- يصرفه المستشفى.

الأب:

- يأتيها للبيت مِن ابن خالٍ لها يعمل صيدليًّا.

العميد: أليست كما يقال مقطوعة مِن شجرة بعد الحادث الذي أودَى بعائلتها كلها؟

الأب:

- هذا مَن تبقَّى لها.

العميد:

- وهل هما على اتصال منتظم ومستمر؟

الأب:

- لا.. بين حين وآخر، وربما يطول هذا الحين لزمن طويل، ولا يستغرق أكثر مِن مكالمة للسؤال عن الحال.

أنزلَ العميد يده أسفل الطاولة، والتقطَ شيئًا، ثم رفعه في وجه الأب قائلًا وهو يحدجه بنظرة فيها جمود:

- ترى لمن هذا القفاز؟ لا تقل لي إنه لزوجتكِ أيضًا!

الأب وقد حدج القفاز بنظرة غير آبهة:

- ربما سألتَ عنه طبيبًا.

العميد وقد استفزَّه جمود الرجل وثقل دمه:

- هذا قفاز وجدناه تحت حاوية النفايات في حجرتك، تحتها لا داخلها! في ظنك مَن...

لَم يمهل الأب العميد ليكمل:

- تحتها أو داخلها أو حتى فوقها، أنا لا أذكر أنِّي رأيته يومًا، وحقيقة أنا أستغرب وجوده في حجرتنا، أنا لا أستعمل أدوية، زوجتي عندها مشكلات صحية ربما اضطرَّت لشرائه.

العميد:

- تناوُلُ الحبوب ما أظنُّه يحتاج لقفاز!

الأب:

- نعم، لكنَّا لسنا نجزم بأنه لها.

العميد وقد زوى جانب فمه قليلًا:

- حجرتكما وليس غيركما في البيت، فمَن تراه اقتحمها في غفلة منكما ووضعَه في مكان خفيّ؟!

الأب ولَم يبدُ أنَّ ملامحه توحي بدهشة ولا استغراب:

- حقًّا لا أدري، ربما لو سألتَ المرأتين يكون عند إحداهما جواب.

العميد وقد تحفَّزَ لإلقاء قنبلة، ويريد رؤية وقعها على الرجل:

- بالمناسبة، تحليل بقايا الحليب أثبَتَ وجود مادة شبيهة بدواء زوجتك، ما قولك؟

انفرجَت بعض أسارير وجه الأب مع ابتسامة ساخرة:

- سبقَ أن أدليتُ بقولي، ولَم تعيروه اهتمامًا، وهأنتم مَن يؤكِّده!

أشار له العميد بانتهاء الجلسة.

بعد خروجه أراح العميد ظهره قليلًا للوراء، أرجعَ يديه وشبكهما خلف رأسه، ألقى بنظره إلى السقف، وراح في تفكير عميق.

****

اليوم يوم زوجة الأب.. الأدلة تشير بأصابع الاتهام إليها..

ترى ما يكون جوابها عند المواجهة؟

ها هي الجلسة قد افتتَحها العميد بعد دخول المرأة، وقد ظهر عليها ذبول لا يخفى.

العميد:

- قلتِ إنَّ اتهام زوجك لكِ لا تعرفين له مبرِّرًا، وهو بدايةً ذكَرَ لنا مشهدًا حدثَ أمام عينيه يراه قرينة قوية لما يدَّعيه.

المرأة وكأنها مشدوهة تنظر إليه، وأكمَلَ:

- رآكِ في غرفة الطفل تخضِّين قارورة الحليب، ثم قمتِ بمسحها بمنديل!

أجهشَت بالبكاء، فظنَّ الأمر قد أسقط في يديها، لكنها سرعان ما أعادته للمربع الأول قائلة:

- ربما رآني الجميع شخصية قوية، والثراء معين على ذلك أيضًا، لكنَّ الذي لا يعلمونه أنني هشَّة مِن الداخل، وسرعان ما أتداعى يوم أرى طفلًا فأتذكَّر عقمي، ولولا أنِّي أتماسك فلا أبدي حتى تغيُّرًا في وجهٍ لسارعتُ باحتضانه ولَثْم يديه وفمه وحتى قدميه.. وتلك الليلة دخلتُ حجرة الطفل فلَم أرَ المربية، ولعلَّها كانت في دورة مياه، فاهتبلتُ الفرصة، وقمتُ سريعًا بإعداد الحليب له وخضِّه، ومع ربكتي سال جزء منه خارج القارورة، فقمتُ بمسحها، وبمجرد أن رأيتُ المربية داخلة أعطيتُها لها لترضعه.. لَم أعجب مِن دهشتها مِن تصرُّفي، لكنها فطرة الأمومة تحرَّكَت بداخلي، فما حيلتي؟! وهل عليها أُلَام؟

ملامح وجه العميد تشي بتعاطف كبير مع المرأة يستطيع كل راءٍ له تبيُّنَه بوضوح، لكنَّ الدليل قوي.

العميد:

- وماذا لو اجتمعَ مع هذي القرينة دليل قوي كوجود بقايا مادة دوائية في الحليب هي ذاتها المكوِّن للدواء الذي تأخذينه؟!

رعبٌ أصاب المرأة، شلَّ منها الجسد واللسان للحظات، وجهها ينطق بخوف لا مثيل له، لكنها سرعان ما أفاقت ولملمَت نفسها، وأيقنَت أن لا بُدَّ مِن التماسك والدفاع عن نفسها، فقالت مصوِّبةً نظرها للعميد:

- دليل عندكم.. ربما.. إني لا أزال وسأبقى أقول أنْ لا علاقة لي بموضوع قتْله، وحتى يوم التفتُّ ناحيته بعد طول تجاهل كان التفاتًا حانيًا تفجَّرَت فيه عندي ينابيع الرحمة تجاهه والحب الكبير، لستُ معنيَّة بتفنيد دليل ولا بكثير جدال، لكن أي عقل يشير باتهامٍ لي وهو لا قدرة له على إيجاد سبب مقنِع واحد يدفعني لذلك، ما الذي أُفيده مِن قتله؟! أنا كان بإمكاني طلب عدم رؤيته نهائيًّا، وليبقَ في حجرته أبدًا، وسيحقِّقون لي ذلك؛ فالبيت بيتي، وأنا مَن يديره ماديًّا، وليس في مقتله مكسبٌ لي ماديٌّ سأحوزه يومَ أتخلَّصَ منه.

العميد:

- أتَّفق معكِ أنَّ المنطق يقول بعدم استفادتكِ مِن قتله، لكنَّنا أمام دليل لا بُدَّ مِن دحضه أو صرفه باتِّجاهِ مسارٍ آخَر، نحن أمام قضية لا طرف فيها متَّهم إلا أنتِ، والأدهى وجود دليلٌ قويٌّ واتهامٌ صريح مِن ولي أمر الطفل.

وضع يديه على رأسه، وأرجعهما للوراء في محاولةٍ لتهدئة ثائرة تفكيره.

مرَّت دقيقة ونصف.. ركنَ فيها جسداهما للراحة، وواصَلَ بعدها العميد التحقيق:

- هناك قفاز وُجِدَ تحت حاوية النفايات في حجرتك، قفاز أزرق.. أهو لكِ؟

المرأة والدهشة تكسو مُحَيَّاها:

- لستُ مهملةً شأن حجرتي، وإنِّي لأعلم كل شبرٍ فيها، وأهتمُّ بوضع كل شيء في مكانه!

العميد مقاطعًا ومؤكِّدًا كلامها:

- هذا ما أكَّدَته المربية عنكِ.

المرأة وهي تكمل جوابها:

- غير أني لَم أرَ مرة طوال سنة مِن الزواج قفازًا ليس في حجرتنا فحسب بل في البيت كله، إنِّي أستغرب وجوده، وليس لنا به غرض!

العميد:

- بالمناسبة.. كان القفاز يحوي ذراتٍ مِن مادة بيضاء اتَّضَح مِن تحليل المعمل أيضًا أنها مادة دوائِك، هل تجدين لذلك تفسيرًا مقنعًا؟

المرأة وكأنها تسقط في هاوية لا قرارَلها، وقد شحبَ وجهها، وأجابت بضعف:

- هذا فوق ما أحتمل، أنا لَا أستطيع تبرير وجود مادة القتل في الحليب؛ لأني حقيقة لا أعلم عنها شيئًا، فكيف أجيب عن هذا الثاني ولا معرفة لِي أصلًا بهذا القفاز الذي تتحدَّث عنه؟!

دمعَت عيناها، وتاهت نظراتها، **ثم واصلَت:** كأنَّكم تريدون الوصول لتجريمي.

العميد ناقضًا ما تفكر فيه:

- غير صحيح، نحن هدفنا الوصول للحقيقة، وطريقنا الدليل الواضح، ولا نلتفت للمشاعر، عندنا امرأتان متَّهَمَتان في البداية، الأولى وإن كانت هي مَن ناولتِ الطفل الحليب إلا

إنها نفَت معرفة ما وُضِعَ فيه، وأنتِ الثانية مَن دافعتِ عنها بقولكِ إنكِ فعلًا مَن قام بتحضير الحليب ووضعَه في قارورة الطفل، يضاف لذلك مادة القتل، فهي ذاتها مادة دوائكِ، ثم قفاز في حجرتكِ به ذرَّات مادة الدواء نفسه.

المرأة وكأن لا حيلة لها، هزَّت يديها وقالت:

- لا أراها إلا شبكة صيدٍ أحاطت بي، ولا قدرةَ لي على الفكاك منها إلا أن يشاء الله، أفوِّض أمري إليه.

قال العميد في نفسه: شبكة.. شبكة! ثم أعمَلَ تفكيره: هل مِن الممكن التفكير في ذلك؟ امرأة قامت عليها الأدلة على ارتكاب الجريمة مع اتِّهام صريح مِن ولي أمر القتيل، لكن لا وجود لسبب حقيقي يدفعها لذلك، لو أنَّ هناك سببًا واحدًا ولو لَم يكُن قويًّا لربما أنهينا القضية، لكن لا.. لا دافعَ البتَّة، هل مِن أحد يهمُّه الخَلاص منها ولا أحد في القضية إلا المربية وزوجها؟ المربية لا يوجد بينها وبين المرأة ضغينة توجب الانتقام، ولو أرادت الانتقام لانتقمَت منها مباشرة بجعل السُّمِّ مثلًا في أكلها لا في حليب الطفل الذي هو ليس ابنًا لها. أتعبَه التفكير، وعاد لنفسه ليجد المرأة لا تزال تنظر إليه بانتظار ما يقول:

- هل هناك أقارب لكِ غير ابن خالك الصيدلي؟

- لا.. ليس إلا هو.

العميد:

- إذن فبينكما اتصال.

المرأة:

- بين الحين والآخر، ومقصور على الاتصال الهاتفي.

العميد:

- قد ذكرَ ذلك زوجكِ، هل بينهما أيضًا اتصال؟ أم أنه لا علاقة له به البتَّة؟

المرأة وقد اعتراها غضب وحدَّة:

- وهل كانت الطامَّة إلا مِن قِبَله وعن طريقه؟

رفعَ إليها العميد عينَين فاحصتَين:

- لَم أفهم!

تنهَّدَت ثم أطلقَت زفرة حرَّى، وقالت:

- أحسبُ أنِّي ذكرتُ أنَّه صديقه مِن قديم، وبينهما اجتماعات مستمرة مع جماعة أحسبها سوءًا، هو مَن قدَّمه إليَّ باعتباره (لُقطة) يريد الاقتران بي، وأنَّ زوجته تُوُفِّيَت وهي تضع مولودها (هذا المسكين القتيل)، ولا أخفيك أنِّي برغم جمالي ومالي رأيتُه مكسبًا؛ فلعلَّك توافقني أنَّ مظهره ربما يخدع الكثير، وهو ما جعلني أوافق بلا تحرٍّ عن صفات له

شخصية كان لها لو علمتُ قبل الزواج أن تكون مانعًا ولو أن أحتمل العنوسة العمر كله.

العميد:

- هذا يضيف للقضية بُعدًا آخَر، ولِنَرَ ما تُسفِر عنه الأيام المقبلة.

****

وجلسة ثانية نهاية الأسبوع في بيت الأخ.. كان المجلس ضاجًا بأصوات الحاضرين، يبدو أنَّه لَم يتخلَّف أحد حتى أولئك الذين في (الدمَّام) و(جبيل) ولا يجدون طريقهم للأحساء إلا كل شهرين وربما ثلاثة.

سلَّمَ العميد على الجميع.. فنجانًا واحدًا احتساه مِن شاي بينهم متوَدِّدًا إليهم وسائلًا عن أحوالهم.

ثم جاء العمل.. تحرَّكَ لتلك البقعة الأثيرة في ذلك الركن المحبَّب، وكالعادة لحقَه حمودي وبرهوم ومحيسن وعمير، الأربعة تحلَّقوا حوله، وبانتظار مستجدَّاتٍ القضية بكلِّ شوق.

سردَ عليهم مختصرًا للأدلة وأقوال الثلاثة، فابتدر برهوم الحديث:

- إذن لَم يتبقَّ إلا الزوجة بحسب المعطيات حتى الساعة.

العميد:

- نعم، هذا ما يبدو.

حمودي:

- برغم أنَّ الأدلة تجزم بأنها القاتلة، لكن يبقى العقل يرفض ذلك!

محيسن:

- نعم، ما الفائدة التي ستجنيها مِن قتله؟! لا شيء.

عمير:

- بل الحق أنها ستكون أول المشتبَه بهم.

حمودي:

- ثم لو كانت هي مَن وضعَ السُّم في القارورة، لماذا لَم تحاول غسلها متحيِّنةً فرصة سانحة بعد الرضاعة؟! تترك ما تبقَّى ليُكشَف أمرها هكذا ببساطة! هذي سذاجة لا يتحلَّى بها أصغر الناس عقلًا.

العميد:

- وهذا ما يجول بخاطري دومًا، العقل لا يصدِّق ذلك.

حمودي:

- هي المتهمة الوحيدة، لو أنها القاتلة لكانت انهارت بمجرد أن أُطلِعَت على الأدلة الصارخة ضدها.

برهوم:

- إلا أن تكون صنفًا في الإجرام عاليًا.

العميد:

- ما أحسب أنها كذلك.

برهوم:

- أظنُّنا بحاجة لمزيد تقصٍّ.

العميد:

- نتقصَّى ماذا؟

برهوم:

- أحوال الثلاثة، لا بُدَّ مِن معرفة تاريخهم وسيرتهم بالتفصيل.

حمودي:

- تفكير ذكيٌّ برهوم، نَعَم.. سيُطلِعنا ذلك حتمًا على ما يمكن أن يحلَّ لنا اللغز حلًّا لا يُصادِم العقل، ويتوافق مع الأدلة التي قد تكون حمَّالة أوجه.

العميد:

- جميل.. إذن نوزِّع المهام، حمودي وعمير.. لكُما الأب، برهوم.. تحرَّ عن الزوجة أنتَ ومحيسن، ونحن مِن جانبنا سيكون لنا التقصِّي الرسمي عن الثلاثة بما فيهم المربية، وسيكون لقاؤنا القادم بعد أسبوع.

ومضتِ الأيام كلمح البصر، وجاء الموعد.. ليلتذاك كان الجوُّ رائقًا بالنسبة للأربعة، ليس إلا هم وصالح الذي تركهم في شأنهم، وراح في عالمه الكروي متابعًا لإحدى المباريات.

الفرصة إذن سانحة لتبادل المعلومات وتحليل المعطيات بكل أريَحيَّة.

العميد وقد حدجهم جميعًا بنظرة فاحصة:

- هاه.. عسى أن تكونوا وُفِّقتُم في مهمَّتكم.

حمودي وهو يبتسم ابتسامة ظفر:

- جدًّا.. على الأقل بالنسبة لي وعمير.

- هات ما عندك على عجل، فقد شوَّقتَنا.. ندت بها شفتا برهوم.

حمودي وقد اتَّخَذ وضعية تُوحي بثقل ما يقول:

- الأب موظف ذو راتب عادي جدًّا، حياته الاجتماعية مرتبطة كلها بمجموعة تجتمع كل ليلة في لعب ولهو وقمار.. جلسة خاصة!

العميد:

- قمار؟ هذا ما يفسِّر خصامه المتواصل مع زوجته، وطلبه منها المستمر للمال، علمًا أنَّ زوجته سبقَ ذِكرها لذلك، وكذلك

عَلِمْنا أنه مدينٌ للبنك عندما اتَّصلنا بهم.. استمِرَّ حمودي..

استمِرَّ حمودي.. هل مِن جديد لا نعلمه؟

حمودي متابعًا:

- هاكم الأهمَّ عنه.

رمقَته الأعين بمزيدِ اهتمام، وهو ما أسعدَه، ومضى قائلًا:

- أم الطفل ماتت وهي تلده، ولَم تكُن الوفاة بحسب كلام أختها ميتة طبيعية.

العميد وقد شدَّته المعلومة:

- إذن؟

- نعم، استطعتُ عن طريق جارة لها – وأشار بيده علامة على الإغراء بالمال – أن أستخلص منها أمرًا كانت تداريه بخصوص وفاة أختها، لَم تفشه الساعة لها إلا بسبب مرورها بظرف صحي تظنُّ معه وفاتها فيه، وقد خشيَت – كما ذكرتُ ذلك لها – أن تلقى ربها وهي ساترة على مخطئ لا يزال يتقلَّب في نعيم الدنيا.

برهوم:

- واصِل.. أنتَ الآن تكمل ما اجتمعَ لديَّ مِن معلومات، الصورة الآن تتشكَّل.

العميد:

- دعه يواصل برهوم، لا نريد تعليقًا حتى نهاية ما لدَيه.

حمودي مبتهجًا باهتمامهم:

- تقول خالة الطفل إنَّ طبيبًا قال لهم إنَّ الطفلَ سيُولد مشوَّهًا، لكُم أن تتخيَّلوا أنَّ الأب – صاحبنا – أقنعَ زوجته بتعاطي دواءٍ يفتح عنق الرحم، ويسبِّب إجهاضًا للجنين فيتخلَّص منه!

العميد:

- هذا لا يتمُّ إلا في حجرة جراحة، وتحت نظرٍ مختصٍّ.

حمودي مجيبًا ومتابعًا:

- أقنعَ زوجته بأنَّ الدواء سيجعلها لا تحسُّ إلا بالآلام المعتادة للخروج الطبيعي للجنين خاصةً وأنَّه لَم يكتمل بعد، فسيكون مروره أيسر وأسهل، كما زاد مِن تطمينها يوم أحضرَ أختها – المتحدثة – لتقنعها بيُسر ذلك وسهولته، وكذلك تواجَدَ معهم صديقه الصيدلي الذي صرف له الدواء بدون وصفة مِن طبيب، وكان تواجده عاملَ أمانٍ لها.

برهوم:

- أختها تقنعها بالإجهاض!

حمودي:

- دعك منها؛ فأسبابها شخصية صِرف، ولا نريد أن نَشِتَّ في موضوعنا!

- وهل هذا الصديق الصيدلي موجود الآن؟ محيسن سائلًا.

حمودي مشيرًا بيده لمحيسن علامة الاستحسان للسؤال:

- نعم، لا زال صديقه، وهو أحد أفراد مجموعة اللعب والقمار اليومية.

العميد والشوق يأكل كل خلية فيه:

- تابِع حمودي، ثم ماذا بعد؟

حمودي مشيرًا بيده للتهدئة قليلًا؛ فقد أتعبَه مواصلة الحديث، دَلَقَ كوب ماء في جوفه، ثم واصَلَ:

- حدَثَ الإجهاض، وحدَثَ ما لَم يُتوقَّع، ماتت الأم وهي تلده، وخرجَ الطفل الذي قيل إنه سيكون مشوَّهًا أجمل ما يكون، وقد حباه الله بشعر مسترسل غطَّى جزءًا مِن وجهه، ولربما كان السبب في تشخيص الطبيب الخاطئ.

قاموا بإخفاء الموضوع عن السُّلطات الرسمية، وسُجِّلَ على أنه إجهاض بصورة طبيعية، وكَتَمَ الثلاثةُ السِّرَّ في صدورهم، وها هي الآن الأخت تفضي به إلينا بعد أن خافت رحيلًا عن الدنيا وقربًا مِن ساحة عدالة أخروية.

العميد:

- معلومات غاية في الأهمية والخطورة حمودي.. إنَّا محظوظون بتطوُّعك معنا في البحث الجنائي.

ابتسمَ حمودي، والتفتَ إليه برهوم رافعًا حاجبًا فوق الآخَر:

- لكن لن تكتمل الصورة ما لَم تُرعوني سَمعكم وأفئدتكم.. لكن هلمُّوا إطراءً لي أولًا.

العميد مبتسمًا:

- ليس قبل أن تُتحِفنا بما تملك، ونرى إن كانت تستحق.

برهوم:

- لا بأس.. أول معلومة صادمة هي أنَّ الصيدلي صاحب والد الطفل والذي صرفَ له ما كان سببًا في موت أم الطفل هو نفسه ابن خال زوجته اللاحقة المتَّهَمة الآن بقتل الطفل.

- يا شيخ! قُل كلامًا غير هذا.. صاح بها العميد.

برهوم:

- نعم ذات الشخص.

حمودي:

- له صلة بحادث مقتل أم الطفل، فهل يا ترى امتدَّت خدماته الجلية لمقتل الطفل أيضًا ولو بصورة غير مباشرة كالأولى؟

العميد:

- لا عدمناك حمودي، نحن بحاجة لمعرفة هذي الجزئية ربما تنير لنا جانبًا مظلمًا يسهم في حلِّ القضية لاحقًا.

برهومي:

- ما دام بينهما اتصال هاتفي كما يقال فهل باستطاعتنا الاطِّلاع على اتصالات المرأة وابن خالها الصيدلي؟

عمير:

- كلام جميل، ربما كان بينهما اتصال أيضًا ذو صلة بموضوعنا.

العميد قام باتِّصالٍ على عجل، وتمَّ إحضار هواتف الزوجَين الخلوية مِن قسم المضبوطات.

برهومي وقد طلب هاتف الزوجة.. فتحَ الرسائل.. وقفَ عند آخرها وكانت محذوفة ومرسَلة إلى ابن الخال الصيدلي!

تطلَّعَ الجميع لبعضهم، وفي الأذهان ذات التساؤل!

العميد:

- بحاجةٍ نحن لهاتف الصيدلي لنرى الرسالة.

محيسن:

- هذا إن لَم يكُن تمَّ الحذف لها أيضًا.

العميد:

- لكلِّ حادث حديث، هذا لن يتأتَّى لنا إلا يوم غد.. أظنُّنا الليلة أبعدنا في السهر.

والجميع على لسان واحد:

- وأبعدنا في الفَهم جدًّا.

****

صبيحة اليوم التالي.. قرَّ قرار العميد على رأي آخَر، وكان التنفيذ بلا إبطاء.

اقتحمَت قوةٌ يقودها بنفسه بيت الصيدلي، المفاجأة ألجمَت الرجل عن حتى مجرد الاستفسار.

قامت المجموعة بالانتشار في تفتيش دقيقٍ جدًّا.. الرجل بعد أن عاد إليه رشده رفع يديه وقلبَهما، ثم قال سائلًا العميد:

- هلا تكرَّمتَ مِن فضلك وأجبتَني ما الذي يحدث؟

العميد:

- أنا جدّ آسف، معك العميد عبد الله مدير مركز الشرطة، وها هو الإذن بتفتيش بيتك وتفتيشك شخصيًّا.

الرجل مبديًا الدهشة:

- ولِمَ كل هذا؟! هل مِن جرمٍ ارتكبتُه وأنا لا أعلم؟!

العميد:

- ينتهي الشباب مِن عملهم، ثم سيكون لنا في المركز لقاء بك.

الرجل:

- معذرةً.. لديَّ عمل في الصيدلية لا بُدَّ مِن القيام به.

العميد وقد كسا صوته قوة وصرامة:

- أنت مطلوب الساعة بقوة القانون ولا مناص.

جلس الرجل منهارًا بعد أن أسقط في يده.

بعد ساعة كاملة انتهتِ المجموعة مِن عملها، ولَم تكُن المحصِّلة ثرية اللهم إلا حقيبة صغيرة بها خمسون ألف ريال مخبَّأة أسفل السرير بعناية، أوراق نقد صقيلة!

شحوب وجه الصيدلي لَم يفُت عينًا خبيرة كعين العميد.. اقتيد الرجل للمركز، وهناك بلا توانٍ بدأ التحقيق.

العميد:

- دعنا لا نضيّع وقتًا.

الصيدلي:

- معذرةً.. أولًا أنا لا أرى إحضاري هنا له مبرِّر قانوني.

العميد وقد رفعَ إليه عينين حادَّتَين:

- نحن مَن يفهم القانون، وينطلق معه وعلى إثره، ثمة رسالة في هاتف ابنة خالك الخلوي محذوفة اليوم السابق لحادثة قتل الطفل، رأيناها في هاتفها، أظنُّك تذكر فحواها؟

الصيدلي:

- طبعًا أذكرها؛ فلَم يمضِ عليها كثيرٌ، وهي آخر رسالة منها.

العميد وهو يتفرَّس وجهه جيدًا:

- ما فحواها؟ ولِمَ تظنُّ أنها حذفَتها؟ علمًا أنَّ كل رسائلها السابقة لَم نرها قد حُذِفَ منها شيء حتى لا يقول أحد إنَّ ذلك طبيعة عندها!

الصيدلي وبلا تعابير على وجهه:

- كان مجرد سؤال عن دوائها، هل له محاذير بالنسبة للأطفال؟ فقط.. لماذا حذفَتها فهذا سؤال يوجَّه إليها، لا عِلم عندي البتَّة!

العميد:

- لِمَ تظنُّ أنها سألَتكَ هذا السؤال وهي التي لا طفل عندها فتخشى عليه مِن التقاط شيء مِن دوائها فيتناوله فيضرُّه؟!

الرجل وبكل برودٍ وسماجة:

- أنا، وهذا سؤال تقليدي يوجِّهه الناس إليَّ، فما أظنُّ منطقًا أن أسأل كل سائلٍ عن هدفه مِن سؤاله وعن نيَّته؟ يسألون وأجيب بكل بساطة، هي سألَتني وأجبتُ، وانتهى الأمر بالنسبة لي.

العميد:

- وما قصة المال المخبَّأ تحت السرير؟ في بيتك وتخبِّئه! عمَّن؟!

الصيدلي وفي صوته شيء مِن ضعف حاولَ مداراته برفعه آخر كلامه:

- مالٌ كنتُ أعرتُه لأحد المعارف قديمًا، ومرَّ عليه زمن وهو خارج البلد حتى أيستُ منه، فلَم ألبث إلا أن رأيتُه أمامي بالأمس، فأعاده إليَّ معتذِرًا بسفره وقائلًا إنه رجع فقط لهذا الغرض، وأنه سيعود بعد ساعات، حياته تشكَّلَت هناك، وليس له هنا ارتباط نهائيًا.

العميد مقاطعًا:

- هل تحتفظ برقمه؟

الصيدلي وبلا كلفة تذكُّر:

- لا طبعًا، انقطعَتِ الصلة بيننا مِن قديم، ولولا مالٌ جاء به لكنتُ قريبًا مِن نسيانه.

رفعَ العميد سماعة الهاتف الداخلي **قائلًا:** نعم.. الآن دعوها تدخل.

دخلَت زوجة الأب، وأخذَت مكانها قبالة ابن خالها.. لَم تخفِ ضيقها مِن وجوده، هذا ما لاحظَه العميد بوضوح.

العميد ملتفتًا إليها:

- هناك رسالة قمتِ بإرسالها مِن هاتفك لابن خالك هذا، ثم قمتِ بحذفها، ولمَّا رأينا هاتفه علِمنا فحوى السؤال، وأنه كان عن دوائِك وأثره على الأطفال.

المرأة وقد تشرَّبَ وجهها الدهشة والخوف والقلق مجتمعِين:

- أنا فعلًا رأيتُ في هاتفي رسالة محذوفة، ورأيتُها فعلًا موجَّهةً لابن خالي، لكنِّي لَم أفهم مَن قام بذلك.

العميد زاويًا جانبَ فمه:

- هاتفكِ ولا تعلمين مَن أرسَلَ!

المرأة محاولةً التَّماسك:

- أنا حقًّا لا أدري مَن أرسلَها، ولا أدري شيئًا عن مضمونها، ولا مَن حذفها، ولِمَ فعلَ ذلك!

العميد:

- ليس إلا أنتِ في البيت وزوجك، فهل كان هاتفكِ بلا كلمة سرٍّ؟

- نعم.. هو بلا كلمة سرٍّ.. عَلا بذلك صوتها، **ثم تابعَت:** أنا ليس عندي أسرار أبدًا، وكثيرًا ما أرى زوجي يفتحه وإن كنتُ أبيِّن له امتعاضي مِن ذلك، إلا إني لَم أجد يومًا نفسي بحاجة لحجب مكنونه عن أحد يريد التطفُّل، أنا واضحة جدًّا.

العميد مبديًا الاستغراب:

- برغم سوء خُلُقه معكِ وتقولين إنكِ لا تجدين إشكالًا في فتحه لهاتفك والاطِّلاع على أسرارك إضافةً لإعطائه مبالغ!

المرأة:

- كان هذا تعاملي معه دومًا، كان الأمل أن يتغير لكن.. تنهَّدَت ثم زفرَت زفرة حارَّة، **وأكملَت:** لقد طلب مني – كعادته – مالًا، ولمَّا رأيتُه كثيرًا جدًّا رفضتُ، فرفعَ صوته مهدِّدًا بترك البيت، وبأنه عليه دينٌ لابن خالي، ولا بُدَّ مِن إعادته له خشية أن يطالبه به في محكمة، فرضختُ و....

العميد وهو يرمق الصيدلي بنظرة فاحصة:

- كم كان المبلغ؟

المرأة:

- خمسون ألف ريال.

العميد:

- هل سلَّمتِها له نقدًا؟

المرأة:

- نعم.. وفي حقيبة صغيرة حمراء.

العميد:

- بإمكانكِ الذهاب.. شكرًا جزيلًا لكِ.

العميد للصيدلي:

- ما تقول الآن؟

برغم تماسكه إلا إنَّ رنة صوته تسرَّبَ إليها ضعف وهو يقول:

- أقول في ماذا؟

العميد بوُدِّه لو ينفجر فيه، قال بشدة:

- الخمسون ألف ريال!

الصيدلي:

- عجيب هذا التوافق في الكَمِّ! دعني أؤكِّد أن لا علاقة لما قالَته ابنة الخال بمالي الذي رجع لي مِن صاحب قديم كما ذكرتُ.

العميد مكوِّرًا يده على فخذه:

- لا صِلةَ إذن.. أَخرجَ زفيرًا حارًّا، **ثم أكملَ:** ما دمتَ تحبِّذ أسلوب المراوغة فنحن لسنا كذلك، دعني أحذِّرك أنَّ ذرة شكٍّ منَّا حيالك في عدم التعاون لحلِّ إشكال هذي القضية يجعلنا نجد طريقة أو أخرى لإثارة قضية موت أم الطفل، وأنت تعرف كم ستعانون حينها وأنت أوَّلهم!

شحبَ وجه الصيدلي مع قلق تلبسه وهو يقول:

- أم طفل مَن؟! عمَّن تتحدث؟!

العميد على عجل ليضرب الحديد وهو حامٍ كما يقال:

- أم طفل صاحبك، لعلَّ ذاكرتَك تعود بك القهقرى ليس لبعيد، فقط لسنة ماضية، أنت وصاحبك وزوجته المسكينة المجهَضة وأختها التي كانت لكم عونًا.

الصيدلي وقد أشكَلَ عليه الأمر فاه بصوت خفيض متلعثِم:

- ما لي وهذا الجمع العجيب الذي أقحمتَنا معه؟!

قاطعَه العميد في إرادة ألا يعطيه فرصة لتفكير:

- الأخت في أواخر أيامها بسبب سرطان أكلها أكلًا، وقد فاهت بكل تفاصيل الجريمة التي أودَت بالأم خطأً، وكان المراد الجنين، أرادت إرضاء ضميرها، وقد تمَّ توثيق ذلك.

نعم.. جريمة مات مَن يسأل عنها، ولا مطالب بها، غير أنَّنا قادرون على إيجاد مثير لها مِن هنا أو هناك، وأنتَ تعلم حينها أي حياة ستعيشها أنت وصاحبك!

يبدو أنك متعَب، خذ وقتك حتى الغد، وحينها لنا لقاء، قَلِّبِ الأمر جيدًا في رأسك، فإما عونًا تكون لنا في هذي القضية لننهيها، أو نكون لك فرعونَ في القضية الأخرى.

****

وفي جلسة ملحق بيت الأخ كانوا على الموعد.. أطلَعَهم العميد على كل المستجدّات.

برهوم:

- إن استطعتَ نزع اعتراف منه بمصدر المال وبأنه كذبَ في ادِّعائه فبها ونعمَت، وإلا فنحن قادرون على كشف ذلك.

العميد:

- كيف؟

حمودي رافعًا حاجبًا فوق الآخَر ومصوِّبًا النظر إلى برهوم:

- إيَّاك أن تكون فكَّرتَ بما خطر على بالي.. الخمسين ألف والبصمات عليها.

برهوم:

- لا أكاد أفكِّر بأمر إلا ويكون عقلك جاراني فيه!

حالة انبساط وابتسام سادَتِ الجميع.

العميد وكأنه سُرِّيَ عنه:

- رائع! فربما كانت هناك بصمات للمرأة والزوج، وحينها سيكون الحبل قد ضاق حول رقبة الصيدلي.

محيسن:

- نعم، فإمَّا اعترافًا يفيد القضية، وإما... ماذا لو تركتموني أنفرد به، وأنتزع اعترافًا منه في غضون دقيقة؟

عمير:

- وأنا معك.. لن نحتاج للدقيقة أبدًا.

حمودي ضاحكًا:

- أنا لو كنتُ مكانه ورأيتُكما تدخلان عليَّ لاعترفتُ بكل جرائم الدنيا التي قام بها الأوَّلون والآخِرون.

ضجَّ البقية بالضحك.

رفعَ العميد هاتفه، وقام بالاتِّصال بالمختصِّين بطلب رفع البصمات مِن المال المضبوط، وإبلاغه عاجلًا بنتيجتها.

استراحوا قليلًا، واحتسَوا خلالها كؤوس شاي وقهوة، ثم التفتَ بعدها لهم العميد مصوِّبًا النظر لهم جميعًا:

- فلنستبقِ الأحداث اختصارًا للوقت، ماذا إن كانت البصمات للمرأة وزوجها موجودة على الأوراق النقدية؟

برهوم:

- هذا يجعل الصيدلي رقمًا صعبًا في المعادلة.

حمودي:

- ويوم يصبح فسيجرُّ صاحبه.

العميد زاويًا ما بينَ حاجبيه:

- الأب!

محيسن:

- يبدو أنَّ الأمر تعقَّدَ.

عمير:

- جدًّا!

حمودي:

- لسنا في معرض تنجيم، لكنَّ الأب هو ذاته الذي أراد التخلُّص مِن ابنه يوم كان جنينًا و...

العميد مقاطِعًا:

- ليس يسيرًا الجنوح لهذي الدرجة، نعم كانت السابقة مع الجنين جريمة، لكنها في حقِّ جنين قيل بتشوُّهه، ربما تجد المبرر له – ولا يوجد – بظنِّه صحة ما فعل كون الطفل إن خرجَ مشوَّهًا عاش حياة ضنكًا تجعل مِن أرحم الناس عليه يتمنَّى موته راحةً له، لكن هنا في هذي القضية نحن أمام طفل مترعٌ بالحيوية جميل الشكل.. لا.. لا يمكن بحالٍ أن يبلغ بنا الزَّيْغ الفكري لهذا المنزع!

برهوم:

- نحن لَم نصِل بعد للقول الفصل، إنَّما نقول إنَّ كل جزئية لا يُمكن بحال إغفالها؛ لأنها قد تكون الخيط التَّافه الذي يكمل المشهد، وبالنسبة للجاني القشَّة التي تقصم ظهر البعير.

انفضَّ الجَمع.. وفي صبيحة اليوم التالي وفي مركز الشرطة.. العميد ولَم يبدُ أنه أخذ كفايته مِن النوم بوجه شاحب وعينين متعبَتَين.

أُدخِل والد الطفل، ذلك الرجل الذي قُدَّ مِن صخر.. رفعَ إليه العميد عينين فاحصتَين، ثم سأله:

- لولا أنَّ صاحبك الصيدلي في ضيافتنا لأيقنتُ بعلمك بالمستجدَّات.

الأب برغم إرادته الحديدية تشرَّبَ وجهه شيئًا مِن حمرة ودهشة وقلق:

- الصيدلي!

استبشرَ العميد خيرًا بهذا التغير، وسارع بالمتابعة:

- نعم.. صاحبك في السابق وصاحبك اليوم، لن يبقَى شيء خافيًا مهما حاولنا ستره؛ فالأيام كفيلة بهتك الستر.

الأب يزدرد لعابه وكأنما قد جفَّ حلقه، فتابَعَه العميد، وأبهجَه ما رآه، ثم واصَلَ:

- أنت وصاحبك والأخت في حضرة الزوجة المسكينة حتى فاضت روحها، وبقي الجنين الذي كان مُؤمَّلًا إخراجه وموته.

الأب وقد تحدَّرَ العرق على جبينه:

- عمَّ تتحدث؟! أنا لا أفهم!

العميد بصوت قوي وصارم:

- دعك مِن هذا التَّغابي، تمَّ توثيق كلام أخت زوجتك أم الطفل والتي وقفَت بجانبكم للأسف ضد أختها، وسُجِّلَ ما قالته عن الدواء الذي صرفَه لك صاحبك الصيدلي، وكان معكم حاضرًا جريمة الإسقاط!

طلب العميد من هاتفه إدخال الصيدلي، ولَم يكد الأب يسمع الاسم حتى راح في تيه كبير، وغامت عيناه.. مشهد لا يفوت على أحد، فكيف بعَين خبير كالعميد؟!

الصيدلي وفي مقابلة صاحبه ضجَّ وجهه بالرعب.. العميد وهو يطالع هذا ثم يلتفت للآخر ثبَّتَ عينيه على الصيدلي، وقال:

- ها قد ظهرَت نتيجة البصمات على أوراق الخمسين ألفًا، هل أنا بحاجة لأقول لك لمن هي؟ أم أدَع لك فرصة أتَحْناها لك ولَم تزل ما دمتُ لَم أقُل شيئًا؟ أتذْكر الحقيقة كاملة فيتمُّ مراعاتك؟ أم نقولها وحينها سنأخذك بالجريرة معهم وبذات العقوبة؟

الأب ناظرًا لصاحبه بوجه كله رجاء ألا يفعل.

الصيدلي وقد قلَّبَ الأمر سريعًا في رأسه عاجَلَ بالحديث:

- عندما طُلِبَ منِّي دواء إجهاض كان...

العميد مقاطعًا ومُؤمِّلًا أن تكون القضية قد أخرَجَت رأسها مِن كهف الغموض إلى فضاء الوضوح التام:

- دعنا مِن قضايا سابقة، قلنا لك لسنا مهتمِّين بها الآنَ إن أبديتَ تعاونًا، دَعْ حديثك منصَبًّا على ما نحن فيه، وبلا زيادة ولا نقصان إن رُمتَ السلامة.

الصيدلي وبلا إبطاء:

- اتَّصلَ بي، وقال لي حرفيًّا إنَّ زوجته سترسل له مِن هاتِفِها رسالة تستفسر منه عن أثر دوائها على الأطفال.

العميد وقد حدج الأب بنظرة نارية:

- هو مَن قال ذلك؟! لا أظنُّك بهذا الغباء الذي يجعلك لا تعرف أنه هو مَن سيقوم بذلك مِن هاتفها، والدليل العقلي أنَّك أخذتَ أجرتك على فعلتك.. الخمسين ألفًا!

الصيدلي:

- لستُ غبيًّا لكنِّي لستُ – كما ذكرتُ سابقًا – معنِيًّا بما يفعله الزبائن، وبما يأخذونه منِّي كمنتَج أو كمعلومة.

الأب وقد أحيط به انهارَ تمامًا، وتداعَى على كرسيه كجثة ملقاة.

****

واجتمعَ أطراف القضية كلهم لوضع النقاط على الحروف، وليكتمل المشهد المؤلم جدًّا، وعلى لسان البطل المجرم جدًّا، رمقَته الأعين جميعًا.. والد الطفل القتيل.

كان في جلسته التي بدا فيها منهارًا بوجه أشبه ما يكون بالتائه، قال وكأنه يخاطب أُناسًا في عالَم آخر:

"كم كرهتُ هذا الطفل برغم جماله الذي يتمنّاه الكثير، رأيتُه السبب في موت والدته، زوجتي التي كنتُ أهيم بها، كُنَّا نتمنَّى تخلُّصًا منه، لكنَّه قضى عليها، ومرَّ منها مرور الكرام، هو السبب في أنِّي لَم أجد إلا امرأةً عقيمًا ترضى بي وبه برغم أهليَّتي الجسدية، لكني غير ذي مال.

احتملتُها لأنها – كما قدَّمَها لي ابن خالها صاحبي الصيدلي – ذات ثروة عظيمة، ولا أهل لها إلا هو.

يومًا بعد يوم كنتُ أبغض العيش معها، فقد كانت قابضة يدها معي إلا في حدود، ولا أراها تقدِم لي عيشة أرتضيها.

أنا أكره الحبس والتضييق والضوابط، هي دنيا لا بُدَّ أن تُعاش طولًا وعرضًا، ولن تعاش إلا بمال، وهي حابستُه عنِّي، وكل مرارة أعيشها تضيف في داخلتي بغضًا على بغض لهذا الطفل".

الجميع يرمقه بدهشة وكرهٍ، ويستمر غير آبهٍ لما حوله:

"حتى جاءت الفكرة التي تولَّدَت في ذهني، لَم أصرفها ولَم أصادمها، بل تركتُها تتمدَّد حتى ملأَت عليَّ تفكيري كله، كنتُ مهيَّأً لها وأرضًا خصبة لنموِّها".

- يقينًا أنتَ شيطان.. تحرَّكَت بها شفتا زوجته وهي تنظر إليه بِكُرْه وبغض.

لَم يعرها التفاتًا، وراح مواصِلًا حديثه:

"نشرة الدواء لزوجتي رأيتُها يومًا بجانب سريرين فقرأتُها صدفة.. وقعَت عيني على أثر الدواء على الطفل لو أخذه بكمية كبيرة، غالبًا ما سيصاب باختناق يُودِي به.. ماذا لو ضربتُ عصفورين بحجر؟ أضع الدواء بعد طحنه في حليب الطفل مستعمِلًا قفازَين منعًا للأثر، ولكني لَم أُوَفَّق في التخلُّص منهما، وأرجأتُ ذلك لحينٍ بسبب سماعي لخطوات العاملة وهي تريد الدخول في حجرتي، ولَم أجد مكانًا أقرب مِن حاوية النفايات، فوضعتُهما بأسفله.. وأُرسِل رسالة مِن هاتف زوجتي لابن خالها الصيدلي أسأله عن أثر الدواء على الطفل، ثم أمسح الرسالة،

وأطلب منه الاحتفاظ بها والردَّ عليها حتى تكون دليلًا على قيامها بالجُرم".

العميد:

- وكان المال هو الطريق لسكوته وكأنَّه لا يعلم بالأمر.

الصيدلي في دفاع عن نفسه ووجهه يتلوَّن رعبًا:

- لا.. لا أعرف ما الذي يهدف إليه، لو أعطاني مليونًا ما كلَّفتُ نفسي مجرد التفكير في نيته، سآخذها ممتَنًّا، ولن أتسقَّط بحثًا عن الموضوع.

الأب وقد زوى جانب فمه:

- دعك مِن هذا الهراء، خمسون ألفًا لا تُدفَع عبثًا، ولا لمجرد سؤال عابر يُجاب عنه في ثوانٍ، لئِن كنتَ تظنُّني مغفَّلًا لآمَنَ جانبك فأنتَ المغفَّل حينها، ولتعلم أنني قد سجَّلتُ حِواري معك الذي يُثبِت معرفتك، ولولا أنَّك غبيٌّ لكنتَ سألتَني قبل أن يُوقِع بك العميد ويخدعك بحديثه لتسقط كأنك غِرٌّ جاهل.

العميد رافعًا صوته وناهرًا كليهما:

- انتهى وقت العتاب.. أكمِل بقية حديثك.

واصل الأب وقد عاد إليه جموده:

"قدَّمَت لي زوجتي هدية ثمينة ليلة الحادثة لَم أكن أحلم بها، رأيتُها ليلتذاك وهي تخضُّ رَضَّاعة ابني لأول مرة، أفهم أنَّ ذلك مردُّه لغريزة الأمومة التي بالتأكيد تحرَّكَت بداخلها، وأنا استغللتُ ذلك المشهد الذي رأته أيضًا المربية، وتسلُّمها قارورة الرضاعة منها، في التدليل على قيامها بتسميم حليب الطفل.

جريمة متكاملة الأركان؛ هي مَن قامت بخضِّ الحليب الذي يوجد فيه الدواء القاتل، والدواء دواؤها، والرسالة لابن خالها الصيدلي، وكان الركن القوي في الأدلة هو قيام ابن خالها بالشهادة على رسالتها لتكتمل الصورة، ويضيق الخناق عليها، فلا تملك تخلُّصًا".

الزوجة ووجهها متضرّجٌ دمًا وغضبًا رمقَته بعينين ناريَّتَين:

- وما الذي ترجوه يوم خلاصكَ مني؟

العميد ناظرًا إلى المرأة نظرة عطف، وكأنَّه ينعي عليها شدة غفلتها عن سبب فعلته، ارتدَّ بصره إلى الرجل ليسمع ما كان يفهمه هو سببًا لصنيعه:

- تلك الملايين التي حرمتِني منها، وجعلتِني أتوسَّل إليكِ الألف والألفَين، كان المؤمَّل أن تحاكَمي بقتل الطفل، وتعود الأموال كلها إليَّ؛ فلا وارثَ لكِ إلا أنا.

الزوجة بعيون متفجِّرة قهرًا وغضبًا:

- حتى الشيطان ينحني لك تواضعًا يا مجرم!

اقتيد الرجل مصفَّدًا ومعه صاحبه الصيدلي الذي حدج العميد بنظرة سائلة متوسِّلة.

لَم يلتفت له العميد لكنه قال له:

- ذلك كان في القضية السابقة، أما هذي فغباؤك أسقطك، ولَم أُلزِم نفسي لك في شأنها بشيء.

ألقى العميد بنفسه على كرسه الوثير، وطلب مِن الجميع المغادرة.. رفعَ قدميه على الطاولة قبالته، وأسقطَ رأسه خلفه وقد تحلَّقَت حولهما في الخَلْفِ كفَّاه، وراح في غفوة مستلذة.

****

وفي ملحق بيت الأخ التفَّ الجميع حول العميد، وسردَ لهم القصة بأكملها كما رواها الأب القاتل.

العميد مبتسمًا ومتألمًا في ذات الوقت:

- جريمة شنيعة تدمي القلب، لكن ما يسعد هو أنَّ القاتل سقطَ في نهاية المطاف، كان لكم حمودي وبرهوم وبقية الشباب دورٌ لا يُنكَر في كسر مغاليق فيها.

محيسن مبتسمًا وناظرًا لحمودي وبرهوم نظرة ذات مغزًى، ثم قائلًا لعمه العميد:

- عمي.. الثناء الجميل والكلام الحلو لا يُشبع بطونًا جائعة!

عمير:

- نعم عمي.. المكافأة لا بُدَّ أن تكون دسمة جدًّا.

حمودي وبرهوم رافعَين حاجبًا فوق الآخر:

- كالعادة.. حاشي وسط طبق رز يتحلَّق حوله أوانٍ فيها مرقة بامية.

العميد وقد أسكرَته فرحة الانتهاء مِن القضية، ومثمِّنًا جهودهم، قال بصوت طرب:

- تستحقُّون.. وفوق ذلك كله صحن كنافة مِن التي تحبها قلوبكم، ولتَحْيَ البطون التي تغذِّي عقولًا ذكية كتلك التي تحملونها.

تمَّت بحمد الله.. وبانتظار قضية أخرى.